山西优秀传统文化的传承与创新研究

余瑞霞 著

吉林大学出版社

·长春·

图书在版编目（CIP）数据

山西优秀传统文化的传承与创新研究 / 余瑞霞著. —— 长春：吉林大学出版社，2023.1
ISBN 978-7-5768-1661-7

Ⅰ. ①山… Ⅱ. ①余… Ⅲ. ①传统文化 – 研究 – 山西 Ⅳ. ① G127.25

中国国家版本馆 CIP 数据核字 (2023) 第 079525 号

书　　名	山西优秀传统文化的传承与创新研究
	SHANXI YOUXIU CHUANTONG WENHUA DE CHUANCHENG YU CHUANGXIN YANJIU
作　　者	余瑞霞
策划编辑	矫正
责任编辑	李潇潇
责任校对	甄志忠
装帧设计	久利图文
出版发行	吉林大学出版社
社　　址	长春市人民大街 4059 号
邮政编码	130021
发行电话	0431-89580028/29/21
网　　址	http://www.jlup.com.cn
电子邮箱	jldxcbs@sina.com
印　　刷	天津和萱印刷有限公司
开　　本	787mm×1092mm　1/16
印　　张	11.25
字　　数	200 千字
版　　次	2023 年 1 月　　第 1 版
印　　次	2023 年 1 月　　第 1 次
书　　号	ISBN 978-7-5768-1661-7
定　　价	68.00 元

版权所有　翻印必究

前言 Preface

文化是一个国家、一个民族的灵魂，文化兴则国运兴，文化强则民族强。在中国特色社会主义伟大事业中，在中华民族伟大复兴进程中，在道路自信、理论自信、制度自信、文化自信这相互联系、有机统一的"四个自信"中，文化自信是更基础、更广泛、更深厚的自信，是更基本、更深沉、更持久的力量。中华民族有着深厚的文化传统，形成了富有特色的文化体系，体现了中国人几千年来积累的知识智慧、理性思辨和价值观念，是我国的独特优势，延续着我们国家和民族的精神血脉，是坚定文化自信的精神基因。为此，对中华优秀传统文化既要不忘根基、薪火相传，又要与时俱进、创新发展，这事关中国特色社会主义伟大事业和中华民族的伟大复兴，也是当代中国共产党人和中国人民在新时代应该并且必然担负的新的文化使命。正是基于此，党的十八大以来，习近平多次强调要科学对待中华优秀传统文化，努力实现中华优秀传统文化的创造性转化、创新性发展，不断铸就中华文化的新辉煌。

山西作为文化大省，被文人墨客称之为"中国古代文化博物馆"，甚至有"华夏文脉在三晋，文化资源看山西"的美誉。山西文化既是一种丰厚多样的文化资源，也是一种历史悠久的文化积淀。它指的是以太原为圆心，涵盖晋南、晋北、晋东南各地区，具备相似的文化要素和文化特征的文化共同体，包括人物的精神思想、故事的借鉴价值、文物的历史价值和承载意义、古建筑遗址的审美价值、自然景观的艺术价值、非物质文化资源等方面。

山西人作为文化资源的开发者和社会主义文化的建设者，要做好历史文化的传承，首先要对本土的传统文化进行保护，然后进行合理的开发。在传承的基础上要不断创新，要大力推进文化与其他产业相互联动的发展机制，如文化与旅游、农业、金融、商贸、互联网等诸多领域的深度融合。

在本土文化建设上要牢固树立文化民生理念,"重视偏远地区的农村文化建设,努力建设覆盖城乡的现代公共文化服务体系,加快推进文化惠民工程,让广大人民群众共享文化发展成果"[①]。同时也要不断增强消费群体的文化自觉意识,使优秀的三晋文化深入人心,不断提高民众的人文素养,让每个人都自觉成为山西本土文化的传播者和践行者。

基于此,本书在新时代倡导文化自信和增强文化建设的背景下,立足如何根植山西文化,助推地方文化产业发展,探讨山西优秀传统文化的传承与创新问题。

全书共八章。从中华优秀传统文化的内涵切入,对中华优秀传统文化进行基本内容概述;进而从山西优秀传统文化的悠久历史、山西优秀传统文化的主要内容及其特点和山西优秀传统文化的时代价值三个方面对山西优秀传统文化加以概述;在此基础上,分别阐述山西戏曲与歌舞文化、山西武术文化、山西民间传统工艺及民俗文化、晋商文化精神、山西老区革命文化的传承与创新;最后,立足山西传统文化的传承与创新,探讨如何提升山西文化传播力,扩大山西文化的影响力,对全书的研究做总结。

为有源头活水来,浇得三晋百花开。有五千年文明、三千年悠久历史的三晋儿女,高举三晋文化大旗,实现三晋优秀传统文化和山西当代先进文化结合,使三晋先进文化风靡山西大地之时,就是山西经济振兴、文化繁荣、人民安居乐业、现代化实现之日。

---

① 山西:近2亿元支持农村文化建设(2021-12-18)[EB/OL].http://culture.people.com.cn/n1/2019/0129/c1013-30596884h.tml.

目 录
Contents

第一章　中华优秀传统文化概述 ······················· 1
　一、中华优秀传统文化的内涵及其发展脉络 ············· 1
　二、中华优秀传统文化的构成体系与主要内容 ··········· 10
　三、中华优秀传统文化的基本特征及现代价值 ··········· 16

第二章　山西优秀传统文化概述 ······················· 25
　一、山西优秀传统文化的悠久历史 ····················· 25
　二、山西优秀传统文化的主要内容及其特点 ············· 27
　三、山西优秀传统文化的时代价值 ····················· 39

第三章　山西戏曲与歌舞文化的传承与创新 ············· 46
　一、山西戏曲与歌舞文化的起源与发展 ················· 46
　二、山西戏曲与歌舞文化传承与创新的路径 ············· 56
　三、山西戏曲歌舞文化传承与创新的建议 ··············· 66

第四章　山西武术文化的传承与创新 ··················· 71
　一、山西武术文化的历史发展及主要内容 ··············· 71
　二、山西武术文化传承与创新的路径 ··················· 77

第五章　山西民间传统工艺及民俗文化的传承与创新 ····· 86
　一、山西剪纸艺术的传承与创新 ······················· 87
　二、山西面塑艺术的传承与创新 ······················· 95
　三、山西牵绣民俗文化的传承与创新 ··················· 99

四、山西面食文化的民俗传承与创新 …………………… 103

第六章　晋商文化精神的传承与创新 ………………………… 112
　　一、晋商文化精神的基本内涵 …………………………… 112
　　二、晋商文化精神传承与创新的路径 …………………… 117

第七章　山西老区革命文化的保护与传承 …………………… 128
　　一、山西老区革命文化概述 ……………………………… 128
　　二、山西老区革命文化保护与传承的重要意义 ………… 137
　　三、山西老区革命文化保护与传承的路径 ……………… 142

第八章　传统文化视域下的山西本土文化建设与传播 ……… 147
　　一、传统文化视域下的山西本土文化建设 ……………… 147
　　二、开发老区革命文化产业、打造文化品牌
　　　　以提升山西文化传播力 ……………………………… 155
　　三、以"文博山西"为例探讨依托新媒体
　　　　扩大山西文化的影响力 ……………………………… 163

参考文献 ……………………………………………………… 172

第一章 中华优秀传统文化概述

中华传统文化是一个庞大的思想和文化有机体，博大精深，源远流长，具有十分丰富的内涵、独特优势与魅力，深入地认识挖掘中华优秀传统文化的精髓，对于我们传承和创新中华优秀传统文化具有十分重要的意义。

本章从中华优秀传统文化的内涵切入，梳理其发展脉络，阐述其构成体系与主要内容、分析其基本特征及现代价值，为全书的研究奠定理论基础。

一、中华优秀传统文化的内涵及其发展脉络

（一）中华优秀传统文化的基本内涵

1. 文化的基本内涵

"文化"是一个比较广泛的概念，其含义较丰富。《周易·贲卦》最早使用"文化"一词，提出"观乎天文，以察时变；关乎人文，以化成天下"。这里的"文化"就是以文化人、以文育人。后人将"文"与"化"合用，如西汉的刘向在《说苑·指武》中指出："圣人之治天下也，先文德而后武力。凡武之兴，为不服也；文化不改，然后加诛。"由此可知，在中国古代文化典籍中"文化"包含有以文化人、以文育人的含义。西方"文化"（culture）一词最早产生于拉丁文"cultura"，是动词"colere"的派生词。它的含义是指人在改造外部自然界来满足人的生存需要的过程中，对土地的耕耘、加工和改良，以及植物的栽培。"文化"的英文单词是"culture"，翻译成汉语，它的词义主要有"文化、文明和修养、栽培"。1781年出版的《原始文化》第2卷开头把"文化"定义为：知识、信仰、艺术、道德、法律、习惯等凡是作为社会成员而获得的一切能力、习性的综合整体。根据《辞海》的解释和界定，文化有广义和狭义区分。从广义上来说，文化

是指人类所创造的物质财富和精神财富的总和。从狭义上来说，文化主要是人类所创造的精神财富的总和，为人们提供了行为的示范。迄今为止约有200多个关于文化的定义，有关文化的定义没有统一起来，但多数定义是有着某些内在共同的联系。

综上所述，文化是指人类所创造的物质财富和精神财富的综合，也包含有教化、培育人的含义。其中，通过对人的教化、培育和培养，才能使以往的文化得以传承与弘扬。

2. 中华优秀传统文化的基本内涵

中华优秀传统文化作为一个整体概念，不单指文化，强调的是文化与传统的结合。"文化"一词在前文已有论述。从发生学的角度讲，"传统"一般强调是时间的一维性，过去的东西，仅具有单一维度，应与"当代"一词相呼应。在此所阐述的"传统"是世代相传、从历史沿袭下来对人们的社会行为有无形的影响和控制作用，是人们延传下来的思想文化、制度典范、风俗习惯、宗教艺术等各种行为规范的总和，具有时间上的延续性和空间上的宽泛性等特点。将"传统"与"文化"有机结合起来的中华优秀传统文化，不仅是中华民族在长期繁衍生息过程中形成的，而且也是中华民族在长期的实践中不断积淀和形成的物质财富和精神财富的总和。从纵向分析来看，中华优秀传统文化主要指我国古代传统社会的优秀文化，或者说是1840年以前的文化；从横向分析来看，主要指中国传统社会中各民族在长期生活的方式和价值观念，除形成有影响力的各种学派如儒家、道家、墨家、法家、阴阳家、名家、魏晋玄学、隋唐佛学、两汉经学及明清朴学等外，还包括自然科学和人文科学，如艺术、法律、道德、宗教等以及地理、文物、书法、服饰、医学、天文历法、陵墓等各种古代文化典籍，从空间与时间上定义了中华优秀传统文化。中华传统文化毕竟是时空的产物，有精华也有糟粕，因此我们应正确分析其精华与糟粕，结合现实需要批判继承，用科学辩证的方法加以去粗取精，去伪存真。本书在研究中华优秀传统文化传承与创新问题时，所说的中华优秀传统文化主要是指中华民族在传统社会所创造的各种优秀文化的总和，它以不同的形态存在，如器物、制度、道德、人文精神等方式的文化。

（二）中华优秀传统文化的发展脉络

1. 中华优秀传统文化的雏形期：从史前文化至夏商周

一般认为，中华文化的形成，开始于史前，即人类文明时期的开始。中国在进入文明前经历了漫长的进化历程，这段时期奠定了中华文化独立发展的基础。根据考古发掘材料已知，中华民族和中华文化起源于华夏辽阔的大地上，在这片辽阔的大地上至少200万年以前出现了云南元谋人、陕西蓝田人、北京周口店人、安徽和县人等遗址。这些发掘充分证明了我国境内早就有人类繁衍生息，并揭开了中华文化的序幕。

众多考古发现证明我国的黄河、长江、珠江、辽河等流域是中华民族和文化的发源地。在旧石器时期孕育的江河文化，在新石器出现的草原文化和华南文化与我国的史前文化相衔接[①]，并对中华优秀传统文化的形成产生了重要影响。从严格意义上讲，这些早期史前文化应属于广义的文明范畴，还不能称之为文化，因为文化是由共同精神、思维方式和价值理念等精神或器物成果的总和和观念形态组成，如果把文明与文化混淆，显然不够严谨。中华优秀传统文化的雏形期应从有了观念形态的形成，特别是在殷周时期天命神权思想运用以及阴阳五行学说的产生为标志。

夏商周是我国奴隶制社会时期，这一时期文化是中华文化发展的基础。奴隶主阶级为了更好地统治人民，首先推出宗教来愚弄人民，以天命神权的宗教世界观来统治人的思想，后来推出"以德配天""敬德保民"的思想。统治者先后推出了宗教和德治等意识形态观念来管理约束人民，这一时期可以理解为中华优秀传统文化的雏形期。

由于受当时生产力发展水平的束缚，宗教观念在这一时期占据着主导地位，人们头脑中充满了浓厚的宗教色彩，也为殷商至高无上的统治地位奠定了基础。因宗教、迷信思想根深蒂固，殷人认为，人死后其灵魂仍继续存在，可以影响生活中的人和事。西周取代殷商以后，周人为了更好地统治人民，总结夏商两代"天命"得而复失的教训，更增加了忧患意识。周代统治者在继承了殷商的天命神权思想的同时，开始引用"德"的范畴来解释朝代的更替。统治者意识到要治理好天下就要得"民心"，就必须

---

① 曾德昌，主编. 中国传统文化指要[M]. 成都：巴蜀书社，2001：10.

要施行"德政",因而提出了"敬德保民""敬德安民"等一系列人道主义思想。周代统治者已经意识到普通百姓的生命、生活和意向在社会治理的重要性,开始从人民的现实生活需要去思考社会统治问题,以达到了解上天的意图;已意识到尽人事以待天命,同时也反映了统治者的主体意识的觉醒。

中国先民在认识自然、社会、人生等方面经历了不断探索的过程。西周时期,出现了阴阳、五行学说并对中华文化产生了深远的影响。殷周之际,阴阳五行学说形成之始。阴阳五行学说的发展,为人们用阴阳五行学说来解释当时的自然现象和社会现象提供了可循理论依据。

总之,这一时期的天命神权思想、敬德保民思想以及阴阳五行学说尽管还缺乏完整和系统的科学论证,但对中华优秀传统文化和社会产生了深远影响。

2. 中华优秀传统文化的奠定期:春秋战国至秦汉

随着社会生产力的发展,社会制度的更替已由奴隶制向封建制转化,尤其在思想文化领域空前活跃。可以说,春秋战国至秦汉时期是中国历史上的大变革时期,文化上的"百家争鸣"、秦汉封建王朝的统一都为中华文化的形成奠定了基础。诸子百家在这一时期开始各自宣扬自己的政治主张和思想,出现了"百家争鸣"的盛况,各家在交流、汲取批判的基础上相互融合,形成了中华优秀传统文化的基本形态,为中华文化进一步发展奠定了基础。

诸子百家学说中最具有影响力的是儒、墨、道和法家。其中儒家以孔孟为代表,主张崇尚伦理道德,"从亲亲有别的原则出发,在血缘关系的基础上,分别亲疏远近,展开自己的理论"[①]。孔子以"仁"为核心,以"礼"为行为规范,做到仁礼有机结合,形成了仁礼统一的体系,这一体系无论在政治理念还是个人道德修养上都充分体现了鲜明的政治伦理色彩。孟子进一步发展了"仁"的学说,其社会政治思想以性善论为基础。在社会治理主张以"以德服人"的王道,反对"以力服人"的霸道,主张推行"仁政"。可以看出,孟子"仁政"思想是对孔子"德治""重民"思想的发展,

---

① 曾德昌,主编. 中国传统文化指要[M]. 成都:巴蜀书社,2001:12.

也反映出儒家伦理本位思想的重要性，重视现实的社会人生，强调人道而非天道。

以墨子为代表的墨家，也是当时的显学。墨家思想非常丰富，主张"兴天下之利，除天下之害"（《墨子·兼爱（下）》）。尚贤、尚同、节用、节葬、非乐、非命、兼爱、非攻、天志、明鬼等"十事"是墨子思想主张的集中体现。墨子主张尚力、非命，义利并举，带有明显的功利色彩，提倡"天志""明鬼"思想，体现了封建浓厚的宗教观，认为是上天主宰着人类命运，天道应高于人道。

以老庄为代表的道家学派主张"出世"，寻求洒脱人生观，通过对自然界的探索，对天道观的悟性，引发出人事系于天道之下的人生感慨。"人法地，地法天，天法道，道法自然。"（《道德经·第二十五章》）"若夫乘天地之正，而御六气之辩，以游无穷者，彼且恶乎待哉！"（庄周《逍遥游》）老庄为代表的道家思想是以超然的态度对待人世间的纷争，他们尊重"天道"，以"自然"为依托，提倡清净"无为"，追求一种洒脱的人生态度，和儒家积极主张"入世"政治理念相悖，体现出超俗的风格。

法家思想以韩非为代表，以法为教，以吏为师的法治思想集中体现在以"法"为中心，"法""术""势"相结合的君主集权制思想。"法""术""势"三者相互依存的，"法"是中心。韩非的法治思想强调"严刑峻法"，在社会治理上要"争于气力"，这也是三者结合的政治思想和君主统治权术在当时统治调解不同群体利益的必要手段。法家思想在社会治理上运用更多的是重人道、轻天道。

秦汉时期的文化模式奠定了中国近两千年来的文化基础，具有时代特色。首先，秦灭六国，建立了大一统的中央集权制国家，创立了比较完整的政治、经济、文化统治制度；其次，汉继承秦制，并进一步发展和巩固了各种制度。在当时封建土地所有制中，地主土地所有制是封建私有制土地的主要组成部分，并直接影响着封建经济结构和当时皇权政治权力结构的运行。秦汉在封建土地所有制的基础上，建立了中央集权统一的官僚政治制度、思想文化制度和伦理道德规范制度。

秦汉时期的官僚体系是以"家天下"为原则，实行军、政、监察分权并相互牵制，最终以维护皇帝权威，从制度上保证了皇权独断，并为以后历代王朝所效仿。秦汉在思想文化制度上形成里高度的统一。[①]秦统一后，实行"书同文""行同伦"，统一了度量衡，实现了天下一统，有力地促成了各民族文化形成。到了汉武帝治理时期，董仲舒的"罢黜百家，独尊儒术"被采纳，结合当时社会发展需要提出了大一统思想，儒家思想开始成为封建社会的正统思想，一直延续两千多年。

总之，春秋战国时期儒、道、墨、法四家思想学说所主张的政治、伦理观念和天人关系等各有其理，价值取向上虽各不相同，但都相互汲取渗透，并共同构筑了中华文化的基本精神。秦汉时期所形成的政治官僚体制、经济制度、文化制度以及伦理规范等成为中国历代各种制度体制的楷模，这一时期为中华优秀传统文化的奠定期。

3. 中华优秀传统文化的发展与鼎盛期：魏晋南北朝至隋唐两宋

魏晋南北朝时期是社会急剧动荡，旧的价值观和社会秩序土崩瓦解，而新的社会秩序正在重建之时。这一时期的文化在秦汉文化的基础上进一步发展，开始确立了中华传统文化在历史上的恢宏篇章。

其一，儒学受到外来思想的冲击，其统治地位开始动摇。东汉末年，社会动荡，民不聊生，政治混乱，儒学没有了政治依靠。此时佛教的广泛传播和本土道教的迅速发展，使儒学在文化上的主导地位开始岌岌可危，失去了昔日的辉煌。这一时期，富于思想的知识分子致力摆脱两汉以来经学传统的束缚，更多注重内在人格的觉醒与追求，运用哲学思辨方式，开始探讨抽象的理论问题。由此产生了当时主要的学术思想——玄学。玄学家推崇先秦道家的《老子》《庄子》和《周易》三部经典，名之为"三玄"，玄学开始成为社会独领风骚的文化形态。

其二，科举制度的建立以及中外文化的交流融合。隋朝创立的开科考试制度逐渐代替了魏晋南北朝时期的九品中正制，这一创举成为我国教育考试制度，为国家选拔人才发挥了重要作用。隋炀帝时开始建"进士科"，科举考试制度开始形成。随着选拔用人的需要，科举制度日臻完善，在封建体制下，虽然科举选拔制度建立在封建统治阶级意识形态和伦理道德基础之上，但为上层建筑选拔人才和提供了有效途径，对当时广大的知识分

---

① 曾德昌，主编. 中国传统文化指要[M]. 成都：巴蜀书社，2001：15.

子产生了重要影响——通过科举进入上层建筑，有利于人才流动和文化的传承。

佛教为了能更好地在中国传播和发展，要适应中国本土文化，进行自我调整，做到与时俱进，开始与中国的道教文化、儒家思想相互吸收，融合创新，形成一体，形成了一门新思想——理学。佛学的融合创新本土化之后，丰富和充实了中华文化的内涵。唐朝后期，随着生产力的发展，唐朝国力日渐强盛，对外交往日益频繁，大量外国留学生开始来唐学习交流，这一时期，唐朝以博大胸怀吸纳了外来优秀文化，做到融会贯通，丰富了中华优秀传统文化的内容。

其三，儒释道融为一体，最终形成新理学。宋代佛道两家思想不断对儒学的渗透融合，儒学研究不再限于研究儒家经典的范围，而是拓宽研究领域，形成了包括经学、文学、史学、哲学等在内的多学科交叉研究，并逐渐形成一门新的学术思想，即理学。理学的形成可以说是先秦儒学的一次复兴。儒家思想成于先秦，兴盛于两汉，衰落于魏晋隋唐，后复兴于宋、元、明。北宋中叶，儒释道融合为一体，以儒家思想为核心的理学形成，此时儒学复兴并不像两汉时期的经学，而是更多对儒家经典内涵的探讨和解析，南宋朱熹著的《四书集注》就是对四部经典的注解。这一时期，理学重新确立了正统地位，对中华文化后续发展产生了重要影响。

总之，无论是魏晋玄学的盛行、隋唐科举制度的建立，外来佛教文化的传播，唐朝文化的昌盛，还是两宋理学的形成，都不断促进中外文化的交流。也为这一时期政治、经济、文化等制度发展提供了丰厚土壤，是中华优秀传统文化走向发展成熟的重要时期。

4. 中华优秀传统文化的衰变期：元明至鸦片战争前的清朝

明清是中国封建专制制度发展顶峰和衰变期，这一时期形成的文化特点为后来中华文化的转变埋下伏笔。

元朝建立后，把其统治下人民分为四等人，"即蒙古人、色目人、汉人和南人"[①]。蒙古人地位最尊贵，南人（南人是指最后被蒙古人征服的南方汉族和其他民族的人）为最低等人。元朝统一了大江南北，大量进入中

---

① 王宁. 中国文化概论[M]. 北京：外语教学与研究出版社，2015：98.

原的蒙古人开始定居下来，从游牧民族变成了农耕民。元朝统治结束后，入住中原的蒙古人大多改为汉姓，促进了民族融合。元朝在政治制度、经济发展、中外文化交流上取得了较大发展：在政治制度上，强化中央集权，实行行省制度，在中央设立中书省，地方设立行省；在经济发展上，鼓励商业发展，特别对色目人给以优惠待遇。经过一段时期的经济社会发展，在战争中遭到破坏的北方生产力得到恢复。元朝是一个空前广大的帝国，其疆域北逾阴山，西极流沙，东尽辽东，南越海表。辽阔的疆域，为中华文化与外域文化的交流提供了空间。元朝对欧亚大陆的征服，使大量的阿拉伯、波斯和中亚的穆斯林大规模迁居中国，"元代中西交通的打开，为基督教传入中国提供了有利的条件，并迅速传播大江南北，其教徒发展至三万余人"[1]。欧亚大陆的沟通，为外国人来华旅行提供了便利。著名威尼斯人马可·波罗来华旅行，足迹遍布大江南北，写下《马可·波罗游记》一书流传于世。外域文化传入中国的同时，中华文化对外传播的步伐也在加快，中国"四大发明"中的火药以对阿拉伯人的战争为中介，传入了欧洲，印刷术从蒙古统治下的波斯以及突厥统治下的埃及传入了欧洲。

明清两代，既是文化专制空前严酷钳制期，中国君主专制制度发展达到了顶峰，又是东西方文化相遇碰撞期。明清两代在政治上，不断加强中央集权制。明朝废除丞相制度，强化监察制度，不断加强皇权以巩固中央集权。清朝通过削弱朝廷内政大臣权限来加强皇权，确保皇权的至高无上性，到雍正时期，皇上总领军机一切要务，君主专制集权进一步得到强化。

文化思想上，明清时期加强了对文化思想的严格控制，其突出表现是大兴文字狱。朱元璋出身贫民，往往对臣下奏章识字不清，错杀无辜，因此，大批儒生士大夫惨遭横祸。清代统治者在推行文化专制上也不遗余力。乾隆年间，乾隆时期在编纂《四库全书》期间，极力铲除危害封建统治思想的其他学说，"又接连于十一月初九、初十日谕旨各省督抚搜缴违碍书籍，如若不缴，以隐匿罪治"[2]。至此，乾隆年间轰轰烈烈的查禁违章书籍运动在全国各地展开，这一时期，中华文化遭到自秦始皇焚书以来的又一次浩劫。

明清之际，中华文化开始转向封闭状态。明朝郑和下西洋后，为了防

---

[1] 王宁. 中国文化概论[M]. 北京：外语教学与研究出版社，2015：99.
[2] 中国第一历史档案馆编. 纂修四库全书档案[M]. 上海：上海古籍出版社，1997：282-284.

止倭寇的入侵，封建统治者开始下令限制海上贸易往来，给这一时期的经济文化交流带来了很大影响。清朝时期，西方先进的自然科学开始在中国开明士族中间传播，特别是医学、历法、数学等。当时清政府没有意识到是一种先进的科学，在政治、经济、文化上实行了封闭政策，使中华文化丧失了一次良好的转型机遇。

5. 中华优秀传统文化的转型期：从鸦片战争至今

鸦片战争以后到五四运动，是中国封建文化的衰落期，也是西方文化不断传播国内的时期，这一时期是中华文化迎接新思想、吐故纳新的转型期。

鸦片战争的失败致使一些爱国志士开始觉醒，意识到要学习西方的坚船利炮，学习西方的先进文化，以救亡图存。以林则徐、魏源为代表的有志之士开始介绍西方先进文化，在文化方面开创新的社会风气，为中华文化的转型提供了契机。19世纪60年代兴起的洋务运动，开始大规模地兴办实业，加强军备，学习西方先进技术，试图在民族危亡时挽救清朝政府。此后，以康有为、梁启超为代表的维新派在经济上提倡重商主义，在政治上采取西方国家君主立宪的议会政体，试图挽救岌岌可危的封建王朝，虽进行了"戊戌变法"，但以失败而告终。这一变法震惊中外，在思想文化上使中华文化发生了历史转折。中国封建文化两千多年的统治地位在西学和新学的冲击下，从根本上发生了嬗变，维新运动在文化发展方面开创了新局面。

20世纪初发生的新文化运动，是在中华民族面临内忧外患的情况下，一批爱国青年对封建传统思想文化进行批判与民族自救的运动。这一运动，提倡民主科学，反对专制迷信，批判旧思想，提倡新思想、新文化。这时一批具有共产主义思想觉悟的人开始在国内传播马克思主义。此时，摇摇欲坠的封建王朝大厦在面对国内各种思潮冲击下挣扎摇摆，如全盘西化派等极力宣传自己的观点，各种学派团体都试图用其思想来构建新的文化体系。[1]

中国两千多年的封建文化思想根深蒂固，中国社会在没落封建体制中挣扎前行。面对西方先进文化思想的冲击，一批有志之士在救亡图存运动

---

[1] 曾德昌，主编. 中国传统文化指要[M]. 成都：巴蜀书社，2001：16.

中前仆后继，寻求救国途径。在这种新的历史条件下，旧的思想文化体系已不可能适应当时社会发展的需要，中华优秀传统文化进入了一个新的转型期。

二、中华优秀传统文化的构成体系与主要内容

（一）中华优秀传统文化的构成体系

中华优秀传统文化的发展经历了不同的历史时期，各时期文化内涵也都蕴含了当时特有的历史元素。中华优秀传统文化源于先秦时期，经过两千多年的封建社会的不断发展和完善，逐渐形成了一整套集政治、经济、教育、社会生活为一体的文化体系，其中重点体现在政治文化和生活伦理等方面。在文化体系中有许多思想从属于封建统治的腐朽思想，例如封建礼教的"三从四德"和"三纲五常"等旧的思想和风俗，同时也产生了在几千年更迭中由劳动人民创造的物质财富和精神财富。中华优秀传统文化既有优秀文化的精髓部分，也有腐朽落后的文化成分，我们应取其精华、去其糟粕，优秀的文化传统要继承和发扬，腐朽落后文化要摒弃。

根据广义文化体系的内在逻辑和层次结构，中华优秀传统文化可分为基础性成就文化、主导性行为意识文化及核心性文化内容。基础性成就文化是指在历史发展中形成的凝聚国家和民族创造力而诞生具有独特成就的文化遗产，可以分为物质成就文化和非物质成就文化。物质成就文化包括古迹遗址文化、典藏古籍、红色资源等，非物质成就文化包括口头传统和表述、民族民间表演艺术、社会风俗礼仪、节庆和传统手工技能等。主导性行为意识文化是指中华优秀传统文化中所蕴含的丰富的人文精神、哲学思想、道德意识、观念思维等内在文化，这些文化可以通过国家或民族中具体的人所表现出来的行为意识特征，包括民族精神、集体意识和公民道德等领域。核心性文化内容从讲仁爱、重民本、守诚信、崇正义、尚和合、求大同六个方面阐述了中华优秀传统文化。

（二）中华优秀传统文化的主要内容

1. 基础性内容

中华优秀传统文化的基础性内容包含物质文化和非物质文化，是中华

民族历史发展中积淀的精华留存。物质文化中既包含文字典籍、艺术品等，同时也包括古迹遗址之类的无法移动的文物遗产。物质文化是当代社会了解和熟悉中华优秀传统文化的直接载体。非物质文化则更接近民族精神的传承、历史记忆的保留、文化传统的遗传，如某一群体特有的居住特性、生活模式、饮食习俗、民间艺术、民族风情等，通过口头传达和表述、民族民间表演艺术、社会风俗礼仪节庆、传统手工技能的形式代代相传，具有很强的文化传承性。如果说物质文化遗产属于"静态"，则非物质文化遗产则一般归为"动态"范畴，包括民族精神、人民信仰、日常生活习惯等。物质文化遗产与非物质文化遗产二者均对民族发展、人民生活产生深刻影响，是整个民族文化遗产的共同记忆。中华优秀传统文化见证和体现了中华民族最深层次的文化内涵及其发展历程。

2. 主导性内容

（1）以爱国主义为核心的民族精神

民族精神是一个民族在长期发展历史进程中逐渐积累下来的，包括意识形态、精神文化、风俗习惯等特有的民族范围内的价值观，它最终形成的是民族内部共有的自我意识，民族内部对于本民族文化的认同感和归属感，具有本民族特色。民族精神是一个民族价值观、精神追求、思维习惯的整体而又集中的反映。

中华优秀传统文化为整个民族塑造了统一的文化内涵和价值取向，以其吸引力和凝聚力将整个中华民族紧密的团结在一起，在历史的发展过程中不断吸收新鲜的内容，并改进和整合自身内容，最终形成了中华民族坚强不屈的民族性格和自强不息的民族精神。中国自古以来总是不断受到内部纷乱和外部侵扰的影响，然而至今依然能够屹立于世界的民族之林，其内在原因就是我们的民族精神促进了整个民族的价值观认同，也就是民族凝聚力，从而激发了各民族人民为维护国家尊严、主权和领土完整前赴后继、不懈奋斗。其中以爱国主义为核心的民族精神是中华优秀传统文化的精髓，中华民族在五千年的发展历史中始终饱含着爱国主义，各朝各代均涌现出无数爱国志士。新时代，我们所崇尚的爱国主义主题是建设中国特色社会主义，即为社会主义现代化建设事业贡献自己的力量，奉献出自己的一切。必须继承和发展中华优秀传统文化中所包含的爱国主义情怀和精神，同时对新时代的现代精神进行融会贯通，从而使得我们的爱国主义思想内涵更加丰富饱满，最终促进国家统一和民族繁荣。

（2）以社会责任为支撑的集体意识

中华优秀传统文化包含以社会责任为支撑的集体意识，强调个人对他人、对集体、对社会、对国家的责任。中华优秀传统文化要求个人拥有非常强的责任感，倡导个人利益服从集体利益。以儒家思想为背景的集体观认为，每一个讲道德的正人君子都应该有强烈的社会责任感，强调个人对国家或社会等共同利益的参与意识和维护责任。在漫长的历史长河中，正是中华优秀传统文化中以社会责任为支撑的集体意识为中华民族的形成、巩固和进步提供了强大的动力。

（3）以立德修身为基石的个人品德

中华优秀传统文化所包含的道德价值体系涵盖国家纲常、社会责任、个人品德等多个维度。其中，在个人品德方面，中华优秀传统文化非常重视个人的品德修养，以"圣"与"贤"作为理想人格的最终目标，要求和鼓励人们注重自身品德修养，完善自身人格操守，提升自身人生高度，从而维护自身尊严，实现自身价值。

3. 核心性内容

（1）讲仁爱

仁爱思想在不同时代被赋予了不同的精神内涵。"仁"是由孔子提出并逐步发展完善的哲学思想。孔子的仁爱思想包含三方面内容：一是"仁者爱人"，以人为本的价值取向，教化民众重视人的情感追求，要主动去理解、关心他们的情感和需要，认为这是"爱人"的首要表现。二是"克己复礼"。"克己复礼为仁。一日克己复礼，天下归仁焉。"（《论语·颜渊》）其中蕴含了为人处世的哲理。人作为一个社会人，其个人活动对社会发展产生不同程度的影响，同时其个人发展也受这个社会形态的约束和制约，二者相辅相成、相互促进与制约，因此每个人都要学会自我约束和自我控制。三是"忠恕之道"。"夫子之道，忠恕而已矣。"（《论语·里仁》）当今社会，传统的道德思想在市场经济的大潮中日趋淡化，人们重视物质利益，社会中道德行为趋向于功利，造成人际关系紧张、社会风气败坏等问题，对社会及家庭的和谐发展造成不利影响。在这种环境下，中华优秀传统文化可以发挥其积极的作用,继承和发扬中华优秀传统文化中的"仁爱"精神,理解其中的仁爱思想,理性对待其时代的局限性,继承其中心思想的先进性,发挥"仁爱"思想在促进公民道德、建设和谐社会过程中的正面积极效用。

（2）重民本

早在西周时期,古文典籍中就有"人为万物之最灵最贵者"(《尚书·泰誓(上)》)的记载,《尚书》有云:"惟天地万物之母,惟人万物之灵",也强调人是万物之灵。先秦儒家思想家荀子在《荀子·王制》中将天地万物分为四类:"水火有气而无生,草木有生而无知,禽兽有知而无义,人有气有生有知,亦且有义,故最为天下贵也。"认为天地万物中人是最珍贵的。孔孟将民本思想贯穿于其政治理想之中。孔子周游列国,主张施行仁政,倡德治,兴礼制,构建"老者安之,朋友信之,少者怀之"(《论语·公冶长》)的大同社会;孟子主张"法先王,行仁政"(《孟子·公孙丑上》),并提出仁政应该是"民为贵,社稷次之,君为轻"(《孟子·尽心章句下》);荀子将君主和臣民的关系比作舟和水,提出"君者,舟也;庶人者,水也;水则载舟,水则覆舟"(《荀子·王制》),这是民本思想的又一发展。而后历朝历代,民本思想作为一种政治学说和治国理念均有不同程度的体现,形成了较为系统的理论体系,充实了中华民族的文化内核。

民本思想在当今中国也有具体的表现:中国共产党"全心全意地为人民服务"[1]"始终代表中国最广大人民的根本利益"[2]"以最广大人民群众满意不满意为根本准则"[3]"权为民所用,情为民所系,利为民所谋"[4]"立党为公、执政为民"[5]"群众利益无小事"[6]"尊重和保护人权"[7]"人民

---

[1] 中共中央文献研究室编. 建国以来重要文献选编(第二册)[M]. 北京:中央文献出版社,1992:322.

[2] 江泽民. 在庆祝中国共产党成立八十周年大会上的讲话(2001年7月1日)[M]. 北京:人民出版社,2001:55.

[3] 江泽民. 江泽民文选(第二卷)[M]. 北京:人民出版社,2006:445.

[4] 胡锦涛. 胡锦涛文选(第二卷)[M]. 北京:人民出版社,2016:121.

[5] 习近平. 之江新语[M]. 杭州:浙江人民出版社,2007:33.

[6] 习近平. 之江新语[M]. 杭州:浙江人民出版社,2007:26.

[7] 江泽民. 在纪念党的十一届三中全会召开二十周年大会上的讲话(1998年12月18日)[M]. 北京:人民出版社,1998:15.

当家作主"[①]"促进人的全面发展"[②]等执政理念，是马克思主义指导下的中国共产党执政理念与中华优秀传统文化中民本思想精华在当代相结合的产物。

（3）守诚信

诚信思想在我国具有悠久的历史和鲜明的特征。相较于西方的法制社会，中华优秀传统文化中的诚信思想重理念、重宣教、重感化。"诚"与"信"在词义上是相通的，可以相互解释，但是仍有所区别，通常意义中，"诚"是"信"的基础和来源，"信"是"诚"的最终表现和反映，"诚信"一词基础含义是表示不欺瞒的真实、不狡诈的信诺。

在中华优秀传统文化中，道、儒、墨、法等各学术流派都有关于诚信的论述，其中儒家的诚信思想是主体，其文化论述和内涵虽与现代文化语境中的内涵有一定区别，但都是现代诚信文化的理念本源。《道德经》是道家的经典著作，提出"言善信"的论述，即与人讲话要开阔适度恪守诚信，如"信不足焉，有不信焉""轻诺必寡信"都是对诚信的论述；《庄子》中有"修胸中之诚，以应天地之情而勿撄"，"真者，精诚之至也，不精不诚，不能动人""至信辟金"的表述；《墨子》中提出"言必信，行必果，使言行之合犹合符节也，无言而不行也"和"政者，口言之，身必行之，今子口言之，而身不行，是子之身乱也。子不能治子之身，恶能治国政？子姑亡，子之身乱之矣！"《管子·枢言》有："先王贵诚信，诚信者，天下之结也。"这些都是道德范畴的诚信。

西汉董仲舒进一步总结孔孟思想，提出"五常"——仁、义、礼、智、信，为世人提供了处理人际关系的准则。诚信是一个人在社会活动中的基本道德要求，是其立足于社会的基本保证，儒家的理想人格是圣人君子，圣人最重要的是具备诚信的品格。并且在传统中华文化中，诚信不仅是道德问题，也是政治问题。"得民心者得天下"（《孟子·离娄上》）、"上好礼，则民莫敢不敬。上好义，则民莫敢不服。上好信，则民莫敢不用情"（《论语·子路》），都说明中华优秀传统文化中对诚信的重视。

随着历史的变迁，中华优秀传统文化中"诚"的道德思想遭受了巨大

[①] 习近平. 习近平谈治国理政（第二卷）[M]. 北京：外文出版社，2017：114.
[②] 习近平. 论党的宣传思想工作[M]. 北京：中央文献出版社，2020：38.

的冲击和挑战。改革开放以来，市场经济体制逐渐在我国确立，与之而来的是社会中出现的诸多诚信缺失的现象。时至今日，中华优秀传统文化中的诚信道德观念如何得到创新性传承成为一个重大的时代命题。合理吸收包括诚信在内的中华优秀传统文化思想成果，有助于当前社会主义道德建设，符合建设文化强国的时代要求。

（4）崇正义

中华民族的正义精神具有悠久的传统，自先民时期就形成了伟大庄严的正义精神，正义是中国古人日用而不察的价值观：在治国理政上强调"以正治国，以齐用兵"（《老子》）；在日常生活中提倡"割不正不食，……席不正不坐"。（《论语·乡党》）中国传统文化中十分强调"义"字，"义者宜也，裁制事物使合宜也"（东汉刘熙·《释名》），"义"是国家设计各项规章制度的基础原则。《礼记》中还记载："凡人之所为人者，礼义也"，并对礼义做了解释，即父子、兄弟、君臣、夫妇、长幼之间的"人义"。儒家认为"人义"即是要求人们的行为遵守礼义、合乎道义，当"义"与"利"发生冲突时，则"义以为上"。我国古代思想文化和历代士人均以"道义为先"作为自身价值取向，对整个中华民族历史发展产生了深远影响，是我们中华民族积累的宝贵精神财富。

崇尚正义是中华传统价值观的重要内涵。在当今社会，正义观表现为社会的公平与公正。公平正直是人类社会永恒的追求。相较于西方社会的正义观，中国传统正义更强调人文关怀，如"不义而富且贵，于我如浮云"（《论语·述而》），"正其义不谋其利，明其道不计其功"（《汉书·董仲舒传》）等。大力弘扬崇正义的中华传统正义价值观对培育和践行社会主义核心价值观具有积极意义。

（5）尚和合

"和合"体现了不同事物之间的共同处，同时也允许差异的存在，具有内在的辩证统一性。"和合"文化内涵极其丰富。中华优秀传统文化中重视"中和之道"，推崇中庸。《周易》强调中和，"中"是天下之大本，"和"是天下之大道。"和合"文化中不同事物的"大和"状态，即通过中庸之道在实践活动中找到平衡状态并实现最终目标，这种文化倡导将对立统一的事务关系平衡在一种不偏不倚的状态，使其整体上保持均衡和谐。

在长期的社会实践中，中国古人与自然、与宇宙不断交互融合，感知天地万物的运行规律，形成了"天人合一"的思想。《周易》认为宇宙万物本为一整体，任何事物都和其他事物具有相关性。"天人合一"思想指出了人和自然的辩证统一关系，人和大自然要合一。

中华优秀传统文化中的"和"与"合"的思想不仅仅是宇宙观、认识论、方法论或本体论，它是对这些精神的升华。"和合"思想是当代和谐文化的起源根本，是科学发展观的重要内涵精神，也是中华优秀传统文化的基本分支来源。"和合"文化是当前中华民族实现伟大复兴道路上的思想支撑，应充分利用其有利精神魅力。

（6）求大同

自夏、商、周三代起，中国经历了夏商周、秦汉、隋唐、元明清四个大一统的时期，也有三个大分裂的时期。但统一一直是中国历史的主旋律。

世界历史上，古埃及帝国、古巴比伦王国、古波斯帝国、亚历山大帝国、罗马帝国，拜占庭帝国等许多国家都曾强盛一时，但最终都分崩离析，湮没在历史的尘埃之中。而中国一直则延续至今，其中很重要的原因是中国拥有以儒家思想为主干的民族文化，这是促成中国分久必合、统一国家一直延续下来的思想基础。中华文明的长盛不衰与作为统一的多民族国家息息相关，中华文明也是在中华大一统的思想中不断巩固和强化。文化是民族的灵魂，在实现国家统一和民族复兴的道路上，要继承和发扬中华民族中华优秀传统文化，继续加强巩固民族认同、国家统一的文化传统意识，为实现国家统一贡献自己的力量。

三、中华优秀传统文化的基本特征及现代价值

（一）中华优秀传统文化的基本特征

中华民族自古多磨难，由于南北地域差异，幅员辽阔，民族众多，生活习俗不同，中华民族的主体内容、理想人格、价值理念是在社会生产实践中不断形成的，其中的社会心理和思维方式具有独特性。中华优秀传统文化丰富多彩，其特点鲜明。

1. 中华优秀传统文化具有较强凝聚力和包容性

中华优秀传统文化是一个延续发展的体系,具有较强的凝聚力和包容性。"在近6000年的人类历史上,世界其他文明古国的文化,都出现过'断层',惟有中国文化历尽沧桑,于起伏跌宕中传承不辍,在数千年发展中,各代均有斐然成就。"[1]中华文化是在一定历史环境中积淀形成的,中国自古分久必合,合久必分,国家政权在各民族中多有更替,但各民族间文化交流从未中断,甚至更加密切并接续发展。

中华民族由于生活在不同的地理环境中,在文化交流碰撞过程中逐渐形成了共同的心理、共同的文化认同,有了相同的价值观念,最终形成了中华民族的大家庭。在这个大家庭中,虽有摩擦和纷争,但总体上各民族仍相互学习,相互促进,共同发展。每当中华民族遭受外来入侵时,各民族都会同仇敌忾,一致对外,这充分体现了中华民族具有共同的价值取向,中华优秀传统文化具有强大的凝聚力和包容性。进入汉朝以来,中外交流不断加强,海外的宗教文化、艺术、舞蹈、建筑等逐渐传入境内,中华文化不仅没有被同化,反而被中华文化所吸纳、消化、融合成为中华优秀传统文化的一部分,这些充分体现了中华优秀传统文化的包容性。

2. 中华优秀传统文化重人伦和尊君重民

以血缘关系为纽带的宗法制度是中华文化形成的基础,这一制度也是维护国家稳定的重要基石。重视伦理规范和道德教化是封建社会统治者的主要举措,逐渐形成了"趋善求治"为目标的"伦理性文化"[2]。法制在中国封建社会被统治者牢牢把握和运用,孟子曰:"天下之本在国,国之本在家。"(《孟子·离娄上》)这种家国一体的封建思想深深渗透到中国社会生活的最深层,使每一个家族,每一个家庭都有国家兴亡、匹夫有责的责任感,巩固了封建政权的稳固。宗法制强调人伦道德,要求人们正确处理人与人之间的尊卑亲疏关系,做到为君的要仁、为臣的要忠、为父要慈、为子要孝、兄友弟恭、朋友有信,做到忠恕之道等,这样整个社会才能安定有序,家庭和睦。中华优秀传统文化强调要不断提高人伦理道德修养,使之规范自己的社会行为,达到教化人的作用。

---

[1] 冯天伦. 中国文化史纲 [M]. 北京:北京语言文化大学出版社,1994:89.
[2] 曾德昌,主编. 中国传统文化指要 [M]. 成都:巴蜀书社,2008:21.

在治国安邦中，统治者认识到人民的重要性，要理解民为邦本、本固邦宁的内涵，把古代民贵君轻的思想意蕴理解透、把握好，并结合现代社会治理贯穿其中。因此，重人伦和尊君重民的思想贯穿于整个封建社会发展的全过程，而这一特色也赋予中华优秀传统文化的意蕴当中。

3. 中华优秀传统文化重整体观念和重群体关系的和谐统一

中国思想家历来比较重视天、地、人一体的发展理念，比较关注人与自然和谐相处，以达到"天人合一"理想境界；倡导人与人之间的和谐共处，以利他，天下为公，群体利益为目标，以行"仁"为最高示范，在维护社会整体秩序上，以天下大一统为目的。中国传统思想中提出了许多构建社会秩序调适人际关系的正确主张，如儒家的"中庸""贵和""己所不欲，勿施于人"等。这些优秀传统文化精髓更多的是注重人们的集体利益，通过社会教化来提高道德修养，倡导在个人利益与集体利益冲突时，舍小家顾大家，以集体利益为重。

中华优秀传统文化特有的凝聚力和包容性彰显了传统文化的感染力和极强的生命力，使中华文化五千年来得以延续发展。重人伦和尊君重民思想维护了当时社会的安定有序，把提高道德修养，高扬人的主体意识，促成了中国人重修养、重礼仪良好美德传承习惯；重整体观念，强调集体利益的统一性，在促进社会发展中不断增强民族凝聚力和向心力。

（二）中华优秀传统文化的现代价值

1. 现代社会伦理秩序的构建

伦理秩序是指在一定的利益基础上形成的人与人、人与社会之间交往时所自愿遵守的规则体系，包括公民道德、社会伦理、风俗礼仪、精神心理、宗教信仰等因素。它虽然看不见摸不着，但却无时不在影响着人们的思维，规范着人们的行为，无所在而无所不在。从根本上讲，伦理秩序是社会治理体系的深层内核，是各种社会制度的精神文化基因，对社会的影响深刻、广泛而持久。而一个国家选择什么样的治理体系，构建什么样的伦理秩序，则是由这个国家的历史传承、文化传统、经济社会发展水平决定的。

中华优秀传统文化是构建现代伦理秩序的根基，对其中一些重要范畴加以创造性转化、创新性发展，必将有利于现代社会伦理秩序的构建。

（1）公与私的政治伦理问题

公与私的关系，就是个体与集体、家与国、个人与社会的关系范畴。中华传统美德强调个体对国家、民族、集体的奉献和责任。"天下为公"（《礼记》）、"以公灭私"（《尚书·周官》）、"先天下之忧而忧"（北宋范仲淹《岳阳楼记》）、"天下兴亡，匹夫有责"（明顾炎武《日知录·正始》）、"公而忘私，国而忘家"（东汉班固《汉书·贾谊传》）、"舍小家为大家"[①]"个人利益服从集体利益"[②]等，这种集体主义是中华传统道德区别于以个人主义为核心的西方道德传统的一个重要特点。中华民族之所以能历经磨难、长兴不衰，具有强大的民族凝聚力和坚忍不拔的民族伟力，就在于这种集体主义、爱国主义精神；中国梦之所以引起强烈共鸣，就在于激发了这种集体荣誉感、自豪感。新时代，我们既要始终不渝坚持集体主义的价值取向，同时也要更加重视个人权利与自由，更加注重激发个人的积极性、创造性，更加强调个人价值的实现。

（2）义与利的经济伦理问题

义与利，就是市场与道德的关系问题。利益驱动与道德约束两者的有机结合是市场经济健康发展的两翼，马克思指出："资本来到世间，从头到脚，每一个毛孔都滴着血和肮脏的东西。"[③]中国传统文化并不否认人们对"利"的追求，如孔子说："富而可求也；虽执鞭之士，吾亦为之。"（《论语·述而》）但在总体价值取向上，中国传统文化认为义高于利，强调从道德规范的角度用"义"来规范"利"。孔子说："君子喻于义，小人喻于利"（《论语·里仁》），"君子义以为上"（《论语·阳货》），"重义轻利""舍利取义"，民间俗语有"君子爱财，取之以道""不义之财不取"。就当下中国而论，进一步完善和发展社会主义市场经济，一方面，应当深入研究传统文化如何现代化，与现代市场经济如何相适应的问题；同时，当前市场经济出现的一些问题，都表明市场大潮中普遍重视"利"而轻视"义"

---

① 胡锦涛. 在全国抗震救灾总结表彰大会上的讲话（2008年10月8日）[M]. 北京：人民出版社，2008：7.
② 中共中央办公厅秘书局资料室编. 邓小平论党的建设[M]. 北京：人民出版社，1990：61.
③ 中共中央马克思恩格斯列宁斯大林著作编译局编译. 马克思恩格斯选集（第二卷）[M]. 北京：人民出版社，2012：297.

所带来的严重危害,在构建现代伦理秩序时必须充分发掘传统文化讲诚信、守本分、重道德、重信誉、"己所不欲、勿施于人"(《论语·颜渊》)等思想资源,用"义"来规范"利","建设有道德的市场经济"。

(3)心与物的生命伦理问题

消费主义、物欲横流、金钱至上是现代社会的顽疾,部分人被各种物质刺激、感官刺激所俘获,过分追求当下的感官享受而忽视精神上的修持,去"意义化"、拒绝崇高、反对理性、解构一切,人性被扭曲异化。构建现代伦理秩序必须解决心与物、物质与精神、物我与本真、生命的意义问题。中国传统文化非常重视人的内在修养与精神世界,鄙视那种贪婪与粗俗的物欲,强调不要心为物役、舍本逐末、丧失自我。中国传统文化重视人的自省、内省、内观,提出许多精神修炼的方法,引导人克服物质欲求,如"君子慎独""三省吾身""心外无物、心外无理""静以修身、俭以养德"等。所谓物随心转,境由心造,烦恼皆由心生,"解脱"即是心境的转换。我们既要批判在心物关系上的唯心主义倾向,又要充分发挥传统文化在个人修养方面的积极作用,构建中国人的精神家园,解决现代社会物质主义所导致的系列问题。

(4)天与人的生态伦理问题

"天人合一"思想是中华民族五千年来的思想核心与精神实质。"天人合一"指出了人与自然的辩证统一关系,体现了中华民族的世界观、价值观、思维模式的整体性。不同于现代人总是企图以高度发展的科学技术征服自然、掠夺自然,中国古代先哲认为人类只是天地万物中的一个部分,人与自然是息息相通的一体,尊重自然、注重人与自然和谐相处。今天,面对日益恶化的生态环境和日渐枯竭的自然资源,以人为本、科学发展、可持续发展的问题越来越迫切,生态文明已经成为现代文明的重要内容。构建现代伦理秩序,理所当然应当包含构建现代生态伦理秩序,尤其应当注重开掘传统文化中关于"天人合一"、生态文明的内容。

2. 推进马克思主义的中国化

马克思主义是中国共产党的指导思想。马克思主义要实现中国化,必须要跟中国实践相结合,而中国实践是深深扎根于中国的文化土壤之中的。因此,马克思主义中国化自然不能离开中华优秀传统文化。

要推进马克思主义中国化,最根本的一点,就是要回答生命的价值和意义的问题。一方面是因为马克思主义的核心价值观就是以人为本,实现人的自由全面发展和人类的解放;另一方面,现代社会越来越关注人自身的问题,关注"我是谁""我从哪里来,要往哪里去"的问题。如果马克思主义不能在生命和生存的意义以及如何实现生命价值的方法和途径上做出有说服力的回答,那么,马克思主义就不能"接地气",就会成为空洞的教条,不能为人们特别是广大的老百姓所接受;同时,也会离马克思主义的价值追求和精神内核越来越远。

中华优秀传统文化为解决马克思主义所关注的人的自由全面发展和人类解放问题提供了十分丰富的资源。马克思主义的中国化绝不仅仅只是由德语到汉语这样一种语言表达方式的转换,而是在精神意蕴、价值取向和思想方法等方面有着内在的相通。这就是为什么中国人能够接受、认同和坚持马克思主义的内在原因,也是我们倡导马克思主义中国化的前提条件。如果马克思主义传入中国仅仅是外在的强加,那么马克思主义中国化就是一个假命题。因此,深入研究马克思主义与中国传统文化的融通问题,是十分必要的,也是完全可能的。中国人对于反映宇宙人生根本规律的"道"的探求,对于需通过内在的德养而不是通过祈求神佑改善生命的现实路径的选择,对于人性向上向善的正向肯定,对于"义高于利""德本财末"的价值取向的认同等,与马克思主义的价值追求、实践品格都是契合的,而且以其内容的博大、感悟的深刻、实证的可信为马克思主义的中国化提供了非常宝贵的资源、非常深厚的根基。比如,在价值观方面,二者都强调以人为本、"义高于利"。中国传统文化的特点之一就是重民、爱民,以民为本,这与马克思主义追求人的解放和全面自由发展有相通之处。在社会理想方面,儒家的大同思想与共产主义有着精神趋向上的契合,马克思主义所设想的共产主义社会就是一个实现了公平公正的大同世界。在方法论方面,中国传统文化蕴含深刻的辩证法思想,同时还具有实事求是的传统。二者都采取积极的"入世"态度,都重视现实社会问题,而不是把希望寄托于过去或者来世,尽管二者改造社会的手段和方法不尽相同。

3. 社会主义核心价值观的源泉

党的十八大提出倡导富强、民主、文明、和谐,自由、平等、公正、法治,爱国、敬业、诚信、友善的24字社会主义核心价值观，随后在2013年12月中共中央又印发了《培育和践行社会主义核心价值观的意见》。习近平提出要把培育和弘扬社会主义核心价值观作为凝魂聚气、强基固本的基础工程并指出："要认真汲取中华优秀传统文化的思想精华和道德精髓，大力弘扬以爱国主义为核心的民族精神和以改革创新为核心的时代精神，深入挖掘和阐发中华优秀传统文化讲仁爱、重民本、守诚信、崇正义、尚和合、求大同的时代价值，使中华优秀传统文化成为涵养社会主义核心价值观的重要源泉。"[1]2017年1月25日，中共中央办公厅、国务院办公厅印发《关于实施中华优秀传统文化传承发展工程的意见》，明确提出："文化是民族的血脉，是人民的精神家园。文化自信是更基本、更深层、更持久的力量。中华文化独一无二的理念、智慧、气度、神韵，增添了中国人民和中华民族内心深处的自信和自豪。"[2]为建设社会主义文化强国，增强国家文化软实力，实现中华民族伟大复兴的中国梦，必须要实施中华优秀传统文化传承发展工程，在全社会范围内开展培育和弘扬社会主义核心价值观的工作，要充分发挥中华优秀传统文化的当代价值。中华文明是绵延于世五千多年且没有断层的文明，是中华民族绵延不息的精神基因。习近平高度重视传承和弘扬中华优秀传统文化，注重从中华优秀传统文化中汲取治国理政的智慧。习近平强调，宣传思想工作要"讲清楚每个国家和民族的历史传统、文化积淀、基本国情不同，其发展道路必然有着自己的特色；讲清楚中华文化积淀着中华民族最深沉的精神追求，是中华民族生生不息、发展壮大的丰厚滋养；讲清楚中华优秀传统文化是中华民族的突出优势，是我们最深厚的文化软实力；讲清楚中国特色社会主义植根于中华文化沃土、反映中国人民意愿、适应中国和时代发展进步要求，有着深厚的历史渊源和广泛的现实基础"[3]。"要讲清楚中华优秀传统文化的历史渊源、发展脉络、基本走向，讲清楚中华文化的独特创造、价值理念、鲜明特色，增强文化

---

[1] 习近平. 习近平谈治国理政 [M]. 北京：外文出版社，2014：164.
[2] 中共中央办公厅 国务院办公厅印发《关于实施中华优秀传统文化传承发展工程的意见》（2021-11-20）[EB/OL].http://www.gov.cn/content/2017content_5171322.htm.
[3] 习近平. 习近平谈治国理政 [M]. 北京：外文出版社，2014：155-156.

自信和价值观自信。"[1]

然而，在我们传承优秀传统文化、培育和践行社会主义核心价值观的过程中，"文化保守主义""文化虚无主义""历史虚无主义"等错误思潮不绝于耳，这些错误思潮片面地全面肯定或全面否定中华优秀传统文化的当代价值，忽视中华优秀传统文化对当代中国发展的重要作用；抑或过度推崇中华传统文化，将传统文化宣扬到不切实际的高度。这些全面肯定或全面否定中华优秀传统文化的行为是严重脱离实际的，对于我们客观地评价传统文化，合理地继承和弘扬传统文化造成一定的干扰和不利影响。对待中华优秀传统文化，我们要客观对待、科学继承，要明确中华优秀传统文化是中华民族在几千年的发展历程中形成的具有鲜明特征和深远影响的文化资源。博大精深的中华优秀传统文化具有独特的文化魅力，在中华民族的发展乃至人类文明的发展过程中发挥出重要作用。自党中央提出培育和践行社会主义核心价值观以来，对其理论来源的探究成为学界普遍关注的焦点，毫无疑问，中华优秀传统文化是社会主义核心价值观凝练和形成的重要来源。党的十八大以来，以习近平同志为核心的党中央高度重视对中华优秀传统文化的传承与发展，注重从优秀传统文化中汲取治国理政的智慧，将传承和弘扬优秀传统文化作为一项重要战略任务。因此，培育和践行社会主义核心价值观，必须高度重视中华优秀传统文化的基础性作用，进而对培育和践行社会主义核心价值观给予精神上的滋养。

4. 纠现代文明之偏

现代社会倡导个人自由，在现代社会主宰和界定着人的生存内容和目标的多是个人主义、享乐主义、消费主义、虚无主义等等。从某种意义上讲，现代人的道德生活质量和伦理环境，并不一定绝对优于他们的前人。[2]

第一，个人主义和利己主义泛滥。个人主义把个人与社会对立起来，个人主义发展到极端，就会为了个人利益而不择手段地损害社会和他人。个人主义直接导致利己主义，使自私行为披上合理的外衣。个人主义破坏了传统的社会组织形式和道德秩序，削弱人们的公共精神："自私会让一切美德的幼芽枯萎，个人主义最初只会消耗公共生活的美德的元气，但久

---

[1] 习近平. 习近平谈治国理政[M]. 北京：外文出版社，2014：164.
[2] 杨鲜兰，彭菊花. 交往与青少年道德修养[M]. 北京：中国社会科学出版社，2013.

而久之，它也会攻击和摧毁一切其他美德，最后堕落成为自私。"①

第二，享乐主义和消费主义盛行。所谓享乐主义把享受快乐当作人生唯一目的，并以此作为判断是非、善恶、美丑的标准，享乐主义在当代社会新的表现形式，就是消费主义。享乐主义及消费主义给人们造成人们的精神颓废，造成社会财富和资源的巨大浪费和破坏，造成人际关系紧张，不利于社会的和谐和稳定。

第三，信仰危机及虚无主义肆掠。在现代社会深刻转型的时代，人们享受物质生活带来的巨大满足时，精神的天空却布满阴霾，特别是信仰危机困扰着比任何时代在物质上都要富足的现代人。信仰危机直接导致了虚无主义和怀疑主义的产生。人类的存在丧失了任何可以依托的根基，物质财富追求取代传统的伦理价值而成为人们的寄托。

那么如何解决当今社会中道德危机的状况呢？毫无疑问，中华优秀传统文化中具有十分丰富的资源。其社会伦理本位思想、整体和谐思想可以医治现代社会的个人主义，其重义轻利、"德本财末"、节俭养德的思想可以医治现代社会的享乐主义、物欲主义、消费主义，其"朝闻道、夕死可矣"（《论语·里仁》）的精神信仰可以医治现代社会的精神虚无主义。中华上下五千年留给后代子孙极其宝贵的文化瑰宝，中国传统文化直接面对生命意义的思考，反复强调修身与养德的做人根本，继而扩大到治国方略，其中道德上的传承更是不言而喻，这样的圣人之训在物欲横流的今天看来依然具有清心明目的震撼之效。

---

① [法]亚历西斯·德·托克维尔. 论美国的民主[M]. 董果良，译. 北京：商务印书馆，1988：143.

第二章 山西优秀传统文化概述

山西是中华文明的重要发祥地,是中华文化发展的摇篮。由"尧都平阳"创建我国历史上的第一个都城开始,中华文化的核心区域就一直离不开山西,在一定意义上可以说正是山西文化起到了联系并贯通上下五千年中华文化的重要作用。

本章从山西优秀传统文化的悠久历史、山西优秀传统文化的主要内容及其特点和山西优秀传统文化的时代价值三个方面对山西优秀传统文化加以概述。

一、山西优秀传统文化的悠久历史

(一)山西优秀传统文化历史悠久

1994年,中美科学家组成联合考察队,对黄河小浪底水库即将淹没的山西省运城市垣曲盆地进行人类文化遗址遗迹的抢救性考察与发掘,1995年5月,在垣曲县寨里村发掘出一对曙猿下牙床化石,这是世界上迄今为止发现的最完整的曙猿生理材料。美国《科学》杂志及时向世界公布了这一重大人类学考古发现,定名为"世纪曙猿"。1997年,中美科学家再赴垣曲,又发掘出"世纪曙猿"的一些跗骨化石。2000年,中美科学家在英国《自然》杂志共同发表科研成果[1]。这一重大发现和研究成果表明:一是人类起源非非洲一家之说,亚洲的中国也是人类起源地之一;二是把人类起源约在3500万年左右的时间断代向前推进了1000万年;三是把山西高高标榜在人类发展的第一块丰碑之上。1959年,在山西省运城市芮城县西

---

[1] 王志超,吕步震. 山西垣曲"世纪曙猿"的发现 //[M]. 王志超. 山西地域文化散论. 太原:三晋出版社,2013:123.

侯度遗址中，发现了人类第一次用火的遗迹，证明180万年前生活在河东大地的人类祖先率先使用了火种，开始向熟食进化。山西还有像大同许家窑遗址、朔州峙峪遗址、襄汾丁村遗址等数百处人类学文化遗址遗迹。

尧舜禹时代是中华文明的初创时期，一直被当作传说表述而无真实的考古发现来佐证，所以古籍所载"尧都平阳、舜都蒲坂、禹都安邑"（《尚书·五子之歌》）也就成了传说中的传说。1978年，山西省临汾市襄汾县陶寺遗址开始大规模发掘，经"中华探源"工程推动，取得了丰硕的科研成果。2015年6月18日，中国社会科学院在国务院新闻中心举行了"山西·陶寺遗址发掘成果新闻发布会"，陶寺遗址被中国学术界确定为"尧都平阳"的都城遗址所在地，从而为华夏文明五千年找到了学术上的原点，中国之根找到了[①]。尧舜禅让，舜之中国而践天子位，这里最早叫中国，从"表里山河"到最早"中国"，山西晋南孕育了华夏之根。[②] 山西省临汾市吉县的人祖山、洪洞的女娲陵，山西省运城市的万荣县后土祠、盐湖区的盐池、舜帝陵，上党地区的炎帝遗址，以及精卫填海、夸父追日、九羿射日、大禹治水、仓颉造字等传说故事，都在追溯中华文明的起源与发展中与山西紧密相连。

如此悠久的历史文化，奠定了山西在华夏文明史上的"根祖"地位，也使山西人的文化自信深深地浸润在血脉之中

（二）山西优秀传统文化丰富多彩

山西由于是人类最早的活动区域之一，所以人类文化遗址、遗迹多达300多处。像大同许家窑文化遗址、朔州峙峪遗址、临汾丁村遗址、吉县柿子滩遗址、芮城西侯度遗址、沁水下川遗址、夏县西阴遗址等，研究人类早期活动，不可不提到这些。山西有大同云冈石窟、五台山佛教文化和平遥古城3处世界文化遗产地；有"国宝级"文物452处之多，居全国之首。宋元以前的木结构文化遗址，山西占72%以上。山西是唐诗、宋词、元曲、明清小说的文化重要传承区域，是中国法家文化的策源地，是古代

---

① 刘合心. 世界视野的陶寺遗址 //[M]. 王水成主编. 溯文明之源，寻华夏之根. 太原：山西出版传媒集团，三晋出版社，2018：15.
② 田建文. 从"表里山河"到最早"中国" //[M]. 山西社会科学界联合会编. 这里最早叫"中国". 太原：北岳文艺出版社，2017：28.

东方艺术的宝库。山西95%的旅游景点都是以精品文化聚居地为支撑和依托，像大同云冈石窟、五台山、平遥古城、应县木塔、浑源悬空寺、北岳恒山、中镇霍山、雁门关、娘子关、晋祠、晋商大院、解州关帝庙、临汾尧庙、芮城永乐宫、运城舜帝陵、万荣后土祠、吉县壶口瀑布、洪洞大槐树寻根祭祖园、广胜寺、介休绵山、永济普救寺、鹳雀楼、阳城皇城相府、方山北武当山等，许多都是天下唯一。山西的"非遗"传承技艺、文化名县、名城、古村镇到处可见。以此为依托，山西有平遥国际摄影节、运城关公文化节、五台山国际旅游月、晋商文化节、"大槐树祭祖"等丰富多彩的文化节庆活动，推动山西的文化旅游不断发展成了战略性支柱产业。还有像河东柳氏、太原王氏、祁县温氏、上党连氏等文化大家族，传承着良好家风家训，使山西成为人杰地灵之所。

在中国革命和建设的发展历程中，山西又积淀了丰厚的红色文化资源，太行精神、大寨精神、右玉精神等成为历史进步的坐标系，使太行山、吕梁山成为中国革命红色文化集中呈现的地方。右玉县18位县委书记前赴后继带领群众栽树植绿，改变落后面貌，成为党执政为民、立党为公的集体雕像。山西的文化资源，像运城盐池一样，永不涸竭，可反复利用，并会不断创新。丰富多彩的文化资源与景观，使山西人的文化自信更显得丰满与充满激情！

二、山西优秀传统文化的主要内容及其特点

（一）山西优秀传统文化的主要内容

2017年6月21日，习近平在山西考察工作时强调，山西要抓紧进行能源革命改革，努力实现经济转型跨越发展，深入发掘山西历史文化的新时代价值，认真吸取山西优秀传统文化的思想精华，推动优秀传统文化创新发展，继承革命文化精神，发展社会主义先进文化，建设文化强国。[1]山西独特的地理环境蕴育出了许多优秀的文化——革命建设时期产生了红色文化、新时代创造了山西精神，这些文化是山西文化建设进程中的理论基础，

---

[1] 习近平在山西考察工作时强调：扎扎实实做好改革发展稳定各项工作 为党的十九大胜利召开营造良好环境[N]. 光明日报，2017-06-24.

力量源泉。

1. 历史悠久的传统文化

山西是中华文明的重要发祥地，是中华文化发展的摇篮。山西传统文化是中华文化的有机组成部分，在山西的发展中发挥了特殊的作用，具有重要的地位。

（1）炎帝的农耕文化

从广义上来说，农耕文化是人们生产和生活在农耕社会中的生产社会关系的总称，包括农耕用具、土壤、灌溉、施肥等物态形式；狭义上来说，是指在农业耕种的过程中进行积累和创造，是一种围绕农耕生产而呈现的物质文化。

在山西晋东南地区的高平市发现了大量遗址遗迹，证明这里曾经就是炎帝生活的故里。经考古学家研究考证，早在新石器时代，炎帝就带领族人在高平的羊头山地区播种五谷农作物、制造耒耜以发展农耕、利用草药医治病人，其中最典型的就是开展农业生产。炎帝农耕时期创造了农业文明的发展先例。后来到周朝时期，山西就已经出现了田地耕种、饲养家禽，这些在《周礼》中都有详细的记载。春秋战国时期，人们已发明并且开始使用铁制的农具来帮助农业耕种，形成了一种精耕细作的体系。北魏末年，山西的农耕种植技术已经积累了丰富的经验，间作、混种、套种和轮作倒茬等多种种植方法，由此代表北方旱地农业生产体系基本定型，其突出的特点就是精耕细作的农耕方式。在宋元以后，由于各种原因农业的发展重心向南方转移，促进了两种技术的发展。明清时期直至现代，在山西农村及偏远山区，农业耕种仍然发挥着重要的作用。

现在每年农历四月初八，在山西高平都会举行祭祀活动，从四面八方赶来的人民群众共同缅怀炎帝。他带领先人们，在艰苦的自然环境中发展生产实践，开创了农耕文明的先河。

（2）尧舜的德孝文化

在我国的优秀传统文化当中，孝文化是最重要的核心，山西盐湖区又被认为是德孝文化的发源地，所以德孝文化对我们现在有重要的研究价值。德孝文化的内容可以用两个词语概括，分别是"贵德"与"重孝"，它的主要特点就是孝顺。舜为政期间主要推行以德治国，而且也是严格要求自已做到以德服人。舜用自己高尚德品德带动了当地的好风气。舜在治理国家过程中，将人生终始之礼总结归纳为"五常之教"，又名"五典"，即父义、母慈、兄友、弟恭、子孝。这为后来的统治者建立起了一套治国理政的礼仪规范和道德准则。在民间流传的《二十四孝》中，第一孝就是舜的"孝感动天"。

（3）关公的忠义文化

关公名羽，字云长，河东郡解县人，今山西运城市解州人。山西解州关帝庙名誉"天下武庙之主"。运城是关公文化的发源地。

关公文化的产生是社会时代基于自身的需要而做出的历史选择，是古代人们对文化的一种继承与发扬。关公文化是指关公的思想观念、道德品质、精神气质及其对社会精神生活的影响。关公文化的核心是"'忠'、'义'、'仁'、'勇'"[1]。"忠"是最为基础的伦理要求。关羽辅佐刘备复兴汉室的过程中将忠义体现得淋漓尽致。在封建社会，对帝王的忠诚是最为重要的一个准则，有利于集权统治，因此很受历代帝王的推崇。正义、义气是古代人社会生活中所期盼的，因为在现实社会中常常会有见利忘义的事情发生，人们为了追求现实中这种缺失的正义，将这份美好寄托于关公，使其成为正义的化身。我们从对关羽的多次谥封中就可以看出"仁勇"也是其重要内核，是三晋文化的重要组成部分，中华民族优秀传统美德最为重要的组成部分。

在历史上有著名的介子推与晋文公的"割股啖君"，现在在介休还保留着"寒食节"的传统。为救赵氏遗孤，韩厥协同程婴合谋上演"搜孤救孤"。古代三晋大地的先辈们用生命谱写的一系列人生壮举，至今依然在影响着人们的精神品质。继关羽之后，北宋杨家将的忠勇爱国之举，亦可谓古代三晋大地忠义精神文化的继承与发扬。

（4）能吏廉政文化

山西得天独厚的地理位置与文化背景，造就了山西人民像山一样的忠厚质朴的优良品质，进而孕育出了独具地域特色的廉政文化。廉政文化在山西有着厚实的生存土壤，山西传统廉政文化主要是指在山西古代社会基

---

[1] 李元庆. 关公"忠义"精神与三晋文化[J]. 前进，2003（11）：32.

于特定生产关系形成的关于廉洁从政的思想、信仰、行为规范、制度安排和价值评价的总和。它既包括廉政思想，也包括廉政实践。既包括能臣廉吏，也包括贤明君王。以山西籍廉政名人为主，同时也包括在山西为官的客籍廉吏。"清廉"与"勤政"是廉政文化的核心。[①] 在尧舜禹时期，推行以德治国，那时就已出现廉政的思想。在历史上有很多廉政为官的人都来自山西，例如狄仁杰、于谦、杨继宗、于成龙等。

受封建专制制度的影响和制约，山西廉政文化有一定的局限性。它是靠道德的约束维护社会的秩序，对为官人员进行言行上的约束，来实现封建王朝中央集权的统治。另外由于古代社会推行人治，官员必须谨言慎行，以免惹来杀身之祸，所以不同程度地存在着明哲保身的思想。我们要辩证地看待，去粗取精，不断创新内涵，批判地继承优秀传统文化，从而有效地推动当代反腐倡廉建设。

（5）民俗文化

民俗是人们在长期的社会生产生活中所传承下来的文化活动，它是广大人民群众创造和传承的一种文化现象，是我国传统文化的重要组成部分。作为文化现象，民俗的内容在不断地发展变化和拓展着，它是民众的生活策略、民间智慧和知识的结晶。山西地处黄河流域与黄土高原，是中华民族的发祥地之一。在数千年的历史长河中，山西积淀了丰厚的文化和历史遗产，形成了独具特色和神韵的民俗文化。

第一，特有的居住习俗。山西人民的居住特色在于窑洞和地窨院。山西的窑洞大体有三种：第一种是从黄土高原的土落千丈崖边挖进去的窑洞，这种窑洞常见于山区。第二种是在窑洞内砌上一层砖，然后抹灰、盘炕，上门窗后居住。第三种窑洞是用砖石砌成，这种窑洞在山区和平川都有，当地人之所以要砸这种窑洞，主要是因为它具有冬暖夏凉的特点。而地窨院一般长宽三四十米，深十米左右，其建造的方法和流程是：先选择一块较为平整的地方，从上而下挖一个像天井一样的深坑，然后在坑壁上掏成正窑和左右侧窑，为一明两暗式的结构，最后在院角挖一条连接地窨的上下斜向的门洞，而门洞的最上端即是院门。一般会在地窨院里挖掘一个深窨，

[①] 高春平. 略论山西传统廉政文化及其特点[J]. 前进，2015（04）：35-37.

它用石灰泥抹壁，用途是积蓄雨水，在沉淀后供人畜饮用。窑洞和地窨院显示出了山西人民特色鲜明的居住风俗，正是这种居住和生活方式，才使山西农村形成了"远看见树不见村，临近闻声不见人"的人间奇境。

第二，民间艺术。山西民间艺术丰富多彩，代表性的有：一是山西锣鼓。山西的鼓品种不下几十种，最著名的是山西威风锣鼓，它是一种流行在霍州、汾西、洪洞、临汾一带的民间广场艺术，这种锣鼓的特色就是"威风"，在音响、曲式、场面、舞姿等方面都独具特点。二是"旺火"。"生旺火"是山西北部地区的一种风俗习惯，每逢春节除夕和元宵佳节，每家每户的院落门前都要用大块煤炭垒成一个塔状，称其为"旺火"，以图新年吉利，祝贺全年兴旺之意。三是剪纸。山西剪纸艺术发达，其中"广灵窗花"以造型写实、刻制精巧和色彩艳丽而闻名于世。四是面塑。春节期间，山西民间面塑的主要功能是祭祀和祈祷天、地、神，体现着山西人民对丰衣足食、万事如意等生活理想的追求，在造型意识上山西面塑大多是抽象的，寄托着信仰和理想。五是雕刻。山西雕刻艺术立意选材美感，工艺优美，寓意喜庆、吉祥。

第三，庙会社火。庙会对于山西人，就像醋在他们的生活中不可或缺一样。古时人们在庙会上进行商贸交易，把自己多余的农产品销售出去，换回自己不能生产的物品，如农器之类，同时他们也参与锣鼓、秧歌、车船轿、灯火等各种民间社火文艺表演。进入新时代，山西的新型庙会花样不断翻新，让百姓们在传统文化的基础上享受到新的文化盛宴。比较著名的庙会有：太原的动物园庙会、晋祠的古庙会、乡宁县的油糕会、洪洞广胜寺的古庙会等。

（6）地域文化

山西地域文化资源丰富，并各具特色，享誉全国，如晋商文化、民歌文化、古都文化、平遥古城文化、山西老陈醋文化等。其中最著名的是晋商文化。晋商文化就是以山西为背景，以商贸为中心形成的一种文化形态。其中包括商贸文化、家族文化、建筑文化、饮食文化、戏曲文化、武术文化、育人文化、收藏文化、民俗文化，等等。

①商贸文化

明清山西商人的成功，就在于他们在一定的历史条件下发扬了进取精神、敬业精神和群体精神，并把这种精神贯穿到了晋商的经营意识、组织管理和心智素养之中。晋商正是凭借着讲义气、讲信誉、讲帮靠的观念和勤奋、刻苦、谨慎、诚信的精神，实现了其创家立业、光宗耀祖的抱负。晋商精神就是晋商重商立业的人生观、诚信义利的价值观、艰苦卓绝的创新精神、同舟共济的协调思想，其核心价值观就是儒家的仁义礼智信。

晋商诚信文化产生于儒家思想占统治地位的社会背景与山西独特的自然背景下，是儒家文化与地域文化结合的特有精神产物，由于受儒家的这种义利观念影响，形成了重义轻利的价值观——在社会交往中要忠于道义，讲仁义，要诚信。中国最早的商人就是来自山西，大约在春秋战国时期就已经出现了。纵观晋商发展史，经营地域十分地广泛。晋商首创了一种通商的票号，易于携带，方便买卖，靠一纸信誉来货通天下。明清两代是晋商的鼎盛时期，前后一共经历了五百年。晋商诚信文化是山西商人在从事社会实践的过程中，自觉和不自觉地发扬了一种诚信精神。晋商突出的代表就是乔家。乔致庸经商的原则就是看重信用，讲义气，最后再谈营利。在发生了胡麻油掺假事件时，不但没有垮掉，反而推动了晋商名声的传播。诚信是经商成功的基础，19世纪末，八国联军攻占北京，金融秩序极度混乱，都抢着发国难财，但山西票号坚持自己的诚信如数兑现。足以体现诚信在晋商中的地位。

②家族文化

晋商家族不同于一般的官绅家族，它具有鲜明的商业烙印特征，其主要特点是重视家规与家风，注重以学保商和商学结合，民宅建筑独具特色等。

③建筑文化

晋商大院是近代山西社会的一个缩影，其恢宏气势和凸显等级制度的构造从侧面上表明了晋商的盛世繁荣，最有代表性的有：乔家大院、王家大院、渠家大院、申家大院、常家庄园、曹家三多堂等。

④饮食文化

山西乃面食之乡，山西的面食有百余种，如刀削面、揪片、剔尖、猫耳朵、栲栳栳等，这些面食的发展当然离不开晋商的传播和推动。面食文化，加上"四六席""改菜席""八碗八碟"等形成了晋商独树一帜的饮食文化。

⑤戏曲文化

山西民间俗有"商路即戏路"之称誉，山西商人欣赏戏曲文化，他们有的投资开设戏班、培养戏曲演艺人才，有的组建戏迷票社、探索戏曲改革，有的自带戏班随商队外出贸易。晋商在传播本土戏曲文化的同时，还积极地将异域的戏曲艺术引入山西，极大地促进了本土戏曲的发展和新剧种的诞生，像太谷秧歌、凤台小戏、翼城目连戏等本土戏曲都受益于晋商。

⑥武术文化

晋商在外出经商中会携带银两，并经常遇到一些困难和险阻，甚至盗贼或劫匪的袭扰，所以，晋商历来重视武术，镖局发达，并有不少晋商练就武术以保护自己的人身和财产安全。

（7）宗教文化

我国古代的宗教文化主要包括佛教文化和道教文化。在我国璀璨的宗教文化园地里，山西地区格外光辉夺目。尽管无论佛教还是道教都非起源于山西境内，但是在中国封建时代，山西地区的佛教和道教文化异常繁荣兴盛，是中国佛教文化和道教文化发展的重要基地。

①佛教文化与山西

佛教早在东汉时期就已传入山西境内，南北朝时期尤为盛行，其中，云冈石窟的开凿为山西留下了珍贵的佛教文化遗产。山西佛教在唐朝达到了发展的极盛时期，统治者对五台山佛教采取了特殊的扶植政策，因此，佛教的各个宗派如华严宗、天台宗、净土宗、禅宗、律宗、密宗等名僧都纷纷来到山西，建立自己派别的基地，这使得以五台山为中心的山西佛教的社会地位越来越高。在宋、辽、金时期，统治者对佛教也采取了扶持政策，山西地区的佛教因此得到了很大的发展，此后，山西的僧人、寺庙数量急剧增加。较为著名的有辽代始建的大同华严寺、北宋大中祥符九年（1016年）建于长子县的崇庆寺、辽清宁二年（1056年）建的佛宫寺释迦塔等。元朝建立后，统治者对佛教也非常尊崇，喇嘛尤其受到优待。但是，这一时期全省兴建的寺院远不及宋辽金时期，大多是重修和补建，兴建寺院的工程主要集中在五台山上。当时，五台山就已经成为全国佛教四大名山之一。明代也重视佛教，重修了五台山的大显通寺和佛舍利塔，还修建了不少寺院，比较著名的是崇祯七年（1634年）创建的千佛庵，它是中国明末彩塑中的杰作。清朝的十代皇帝大多信仰佛教，尤其崇奉喇嘛教，因此，山西成为汉族地区喇嘛教的盛行之地。其中，康熙先后五次巡游五台山，赠送的珍物不胜枚举。乾隆皇帝也曾先后六度巡游五台山，制碑题额，兴建行宫，修葺佛寺，赐诗赏物，举行法会。到清朝末年，山西境内平均各县兴建的寺院达十多处，只五台山地区就有寺庙78所，僧人千余。山西的佛教高僧有慧远、法显、昙鸾等，著名的胜地有五台山、云冈石窟、玄中寺等。

②道教文化与山西

道教何时在山西兴起已无准确记载，不过到东汉时期道教已基本在山西形成，少数地方还修建了道教观。南北朝是山西道教发展的一个重要时期，当时，北魏王朝统治下的山西是北天师道的策源地和活动中心，这对道教在北方地区的传播起了极为有力的推动作用，山西的道教文化也在这一时期进入了第一个历史高峰。这一时期，天师道长寇谦之在太武帝的大力扶植和重臣崔浩的积极协助下，改造了早期道教、建立健全了北天师道的活动，北方的道教文化也由此进入了繁荣兴盛的发展阶段。但是，隋朝统治者对道教较为反感，隋炀帝就曾下令禁止道教，道教相关书籍一概焚毁。到了唐朝，统治者欲借用老子李聃巩固自身的统治地位，而道教想借统治者的权势求得生存和发展，两者相互利用，各取所需，从而使得山西道教进入历史上又一个兴盛时期。为了表彰医学家孙思邈的贡献，唐太宗还敕封他为安乐真人，并为其修建了占地三十余亩的药王庙。唐玄宗时期对道教更是尊崇有加，道教的胜地恒山上道庙成林，山西的其他地方也兴建了不少道观，在这一时期，全省各地共建宫观庙宇几百处。北宋时期，统治者也非常重视道教，山西各庙观香火旺盛，道徒人数不断增加。元朝既大力发展佛教，也支持道教的发展。山西一些地方在这一时期新建了不少道观，如道士寇士谦在应县始建的云溪观，在应县始建的玄同观等。同时，元代道教在山西中南部也十分兴盛，芮城县有所谓的"三宫十三观"。到了明朝，统治者对道教采取了较为严厉的限制措施，严格限制出家人数。尽管如此，山西道教道徒人数和道观庙宇仍在增加。明末清初，庙观已遍布全省城乡各地，仅洪洞一县就有150余座。清朝时期，道教各派由于统治者的限制均有所停滞。到了清末，受帝国主义侵华战争和西方各种宗教势力的冲击，道教趋于衰落。山西著名的道士有寇谦之、吕洞宾、宋德方等，著名的胜地有北武当山、永乐宫、纯阳宫等。

2. 可歌可泣的红色文化

在革命战争年代，无数的中华儿女浴血奋战共同造就了红色文化。在近代，我们国家积贫积弱，受到了别国的侵略，人民过着悲惨的生活。在国家危难时刻，是无数革命先烈进行了长期的斗争才取得了最终胜利，红色文化见证了这一历史的发展。山西作为华北地区主战场，山西红色文化激励着山西人民艰苦奋斗，奋发进取，不断创新，既是进行理想信念教育的宝贵财富，又是开发红色旅游的重要资源。抗日战争中，在山西建立了很多红色根据地，直到现在保留了很多的红色场馆、红色故事、红色经典作品。独特的自然环境造就了山西人民独特的性格品质，铸就了山西人民强烈而富于反抗的革命传统和不屈不挠的革命精神，如在抗日战争革命时期形成的"太行精神""吕梁精神"等。

（1）太行精神

山西因居太行山之西而得名，以高山大河为屏障，形成了一个相对封闭独立的内陆环境，素有"表里山河"之称。抗日战争爆发后，在整个华北地区，山西是主要的抗日战场，先后建立了三大敌后抗日根据地，抗战就主要集中在晋察冀、晋绥、晋冀鲁豫地区进行。面对日军疯狂的进攻，山西儿女积极投身于革命的洪流。他们艰苦奋斗，不怕牺牲，为国家的解放事业积极贡献力量。太行精神指的是"在国家和民族处于生死存亡的重要时刻，中国共产党带领太行儿女展现的不怕牺牲、不畏艰险的革命英雄主义精神，是在极端困难的条件下，百折不挠、艰苦奋斗的精神，是万众一心、敢于胜利为民族的解放展现的精神，是为人民利益英勇奋斗、无私奉献的精神"[1]。太行精神是抗日战争时期山西的军民用鲜血和生命换来的，它深深根植于中华文化的肥沃的土壤中，是中华民族优秀传统文化创新与发展的重要成果。太行精神是中国革命历史上的一座丰碑，是我们宝贵的精神财富。

（2）吕梁精神

吕梁位于山西省西部，处于黄土高原腹地，所以90%以上都是山地，

---

[1] 宋广敏. 太行精神的形成及其当代价值研究[D]. 晋中：山西农业大学，2005：14.

是一个典型的山区，土地贫瘠，水土流失严重，在雨季有时会发生洪灾。由于吕梁地区生态环境恶劣，使得该地区贫穷落后。吕梁人民并没有因为艰苦的生活环境而屈服，而是以积极乐观的心态面对苦难，在利用和改造自然的生产实践活动中，形成了吃苦耐劳、勤劳勇敢，艰苦奋斗的优秀品质，为吕梁精神的产生提供了肥沃的土壤。

吕梁人民凭借自力更生、艰苦奋斗的坚韧毅力，在面对外敌入侵时表现出不怕牺牲，不畏艰险的英勇气概，顾全大局、倾力奉献的国家情怀以及在建设时期表现出的勇于创新的远大追求，铸造了伟大的吕梁精神。它孕育扎根于吕梁大地悠久的历史文化土壤，形成于抗日战争年代，发展于社会主义建设新时期。革命战争年代，吕梁是晋绥中央后委机关所在地，奠定了晋西北抗日根据地的基础。在抗战过程中，无数优秀的吕梁儿女加入了中国共产党，张叔平、贺昌、刘胡兰、刘少白等相继献出了年轻而宝贵的生命。

3. 与时俱进的先进文化

社会主义先进文化是在党领导人民推进中国特色社会主义伟大实践中，在马克思主义指导下形成的面向现代化、面向世界、面向未来的，民族的科学的大众的社会主义文化，代表着时代进步潮流和发展要求。社会主义先进文化萃取了中华优秀传统文化和革命文化的精华，是对中华民族优秀传统文化和红色革命文化的深度融合，也是中华文化在当代中国的最新发展。

早在社会主义建设时期，独具地域特色的山西社会主义先进文化就已经开始萌芽。新中国成立之初，国家百废待兴，为建设社会主义新中国，山西省利用煤炭自然资源储量大和矿产资源丰富的特点，大力发展能源和重工业。在不同历史发展时期，涌现出一大批劳动楷模，他们不怕吃苦，勇于同恶劣环境抗争，通过这些优秀个人或者集体逐渐形成了右玉精神。新时期，为适应山西文化发展的需要，在不断弘扬既有的先进文化的同时，还锻造锤炼出了体现时代风貌的"山西精神"。

（1）右玉精神

右玉县地处晋西北地区，毗邻毛乌素沙漠，属于典型的黄土高原丘陵风沙干旱地区，土地沙化严重。植被覆盖率很小，水土流失最为严重。1949年，右玉第一任县委书记张荣怀上任后，为了解决百姓生存问题，放弃了以前垦地种粮的这种短期收益做法，提出了改善水土、植树造林的长远发展思路。在他的带领下开始了植树造林的第一步。此后历任县委书记率领全县干部群众坚持不懈继续植树。他们坚持不懈地植树造林，将寸草不生的荒凉景象变成了植被茂密的生态乐园，创造了人类居住环境的奇迹。右玉县充分利用生态建设的优势融合旅游资源，打造了生态旅游基地，带动了旅游经济发展。右玉精神体现在一代又一代的右玉人民身上。这种吃苦耐劳、迎难而上、久久为功、利在长远的奉献精神和创新发展的科学发展观正是右玉精神的真实写照。

现在的右玉，林业和绿化已经不仅仅体现为生态效益或社会效益，更成为一种经济模式，对林产品实行立体开发，选育经济林和速生林树种，建成了产林基地，促进了生态产业生产和销售一体化的发展。习近平总书记在视察中强调要重视这种精神，把为人民服务的基本宗旨牢记于心，党员干部要多学习这种迎难而上、久久为功、利在长远工作的作风。右玉人民在艰苦的生活条件下，坚持不懈改造自然，靠人工造林防风固沙，改善了生存自然环境。"绿水青山就是金山银山。"[①]右玉如今成为践行习近平总书记"两山"理论的示范区和推动绿色发展的先行区。

（2）"山西精神"

在独特的自然地理环境条件下，山西人民在利用自然改造自然的生产生活实践过程中，在传承山西优秀传统文化基础上结合新时代发展要求创新出了新的文化。它是人们在社会发展中形成的一种思维方式和大众的价值取向，是山西人民在实践中一直追求的理想信念。在革命战争年代，山西儿女为了国家独立、民族解放，在中国共产党的领导下，以勇敢无畏和不怕流血牺牲的革命英雄主义气概孕育了当代"山西精神"。在新中国成立后，为了恢复发展国民经济，自力更生、艰苦奋斗积极投身于建设家园的热潮中去。进入新时代，面对全球经济一体化趋势，山西省委省政府决定大力调整产业结构，推进"四化"战略，整合煤炭资源，全面实施转型跨越，力争实现再造一个新山西的宏伟目标，使山西建设不断升华。

"了解了山西精神的发展历史，还要深入研究山西精神的内涵。'信义、

---

① 习近平. 习近平谈治国理政（第二卷）[M]. 北京：外文出版社，2017：544.

坚韧、创新、图强'是山西精神的精神实质。"[①]从太行精神、右玉精神中都体现了山西人民在艰苦恶劣的环境下依旧保持坚定的意志品质，努力斗争靠自己的双手去创造美好的生活。"山西精神"是对五千年优秀文化的历史传承，并随着山西转型跨越发展要求不断对自身既有文化进行创新，符合新时代特色社会主义核心价值观的要求，有助于推动本土文化的大发展大繁荣。

（二）山西优秀传统文化的鲜明特色

1. 山西优秀传统文化内容最多

山西的物质文化遗产与非物质文化遗产都很丰富，业界素有"地下文明看陕西，地上文明看山西"的评论。山西遗有35000处文物古迹，仅国家级文物保护单位就达119处，居全国第一。山西的古建筑、石窟、民居、壁画、彩塑等，特色鲜明，内容丰富，研究价值和观赏价值都很高。在非物质文化遗产方面，山西目前仅记录在册的非物质文化遗产名录就有国家级138项，省级301项。

2. 山西优秀传统文化的起源最早

山西是中华文明的发祥地，历史久远，古遗址古文物有很多全国之冠。全国现发现旧石器早期遗址200余处，山西就有157处。宋、辽、金以前的木构建筑占全国同类72%，全国仅存的4处唐代以前的木结构古建筑都在山西，其中应县木塔是我国现存最早的木结构高层建筑。

3. 山西优秀传统文化的种类最全

山西的文化遗产种类可以说是涉及了人类文明的方方面面，种类繁多、形式多样、内容丰富、特色鲜明，除去在前文所列举的种类以外，山西的优秀文化传统种类还有军事文化、饮食文化、养生文化、民俗文化等，与其他省份和地区相比，山西的优秀文化传统确实是内容丰富、种类齐全、历史久远、影响广泛。

[①] "山西精神"正式"出炉"专家解读精神实质[N]. 中国日报，2013-02-25.

三、山西优秀传统文化的时代价值

（一）大力发展乡村文化和乡村旅游经济，促进社会主义新农村建设

山西的古村落，山西的大院文化，山西的民俗文化、民歌和戏曲歌舞文化，这些都是大力发展乡村旅游和农村文化经济，开创"三农"工作新局面的有力抓手。要厚植精神沃土，实施优秀传统文化传承工程和乡村文化记忆工程，加强文物和历史文化名城名镇名村等保护利用，加强传统戏曲、非遗项目和传统工艺保护开发。从建设社会主义新农村的高度出发，充分认识抓好传统村落保护和推进乡村旅游经济发展的意义和前景，积极开展优秀传统乡村文化的开发和保护，把传统的家规、家教、家风的耕读传家文化与社会主义新农村建设科学有效地结合起来，创新"三农"工作，为加快推进城乡发展一体化，推动公共服务向农村延伸，为广大农民建设幸福家园和美丽宜居乡村开出一条新路。

（二）运用优秀传统文化来坚守绿色发展理念，扎实推进生态文明建设

文化产业是不消耗资源、不污染环境的绿色产业。文化产业与高科技的紧密结合，使得以往的文化产品所特别具有的高雅、孤赏和不可逆特性被社会化、大众化和批量复制化生产所取代，从而能够产生巨大的经济价值，是最有条件实现可持续发展的典型模式。深入挖掘并着力弘扬山西的丰富的优秀传统文化资源，弘扬山西的优秀文化传统和晋商精神，进一步扩大对内对外开放，进一步积聚山西经济转型发展的内力和外力，使山西的优秀传统文化在新的历史时期焕发出应有的时代价值，成为建设绿色山西和推动各项事业发展的强大精神力量。

（三）深挖山西优秀传统文化中的廉政文化，为实现党内政治生态持久的风清气正营造良好的社会环境

习近平强调，要从传统文化中寻找治国理政的经验借鉴和智慧启示，"积极借鉴我国历史上优秀廉政文化，不断提高党的领导水平和执政水平……"[1]，"中华优秀传统文化已经成为中华民族的基因，植根在中国人

---

[1] 习近平. 习近平谈治国理政[M]. 北京：外文出版社，2014：390.

内心，潜移默化影响着中国人的思想方式和行为方式。今天，我们提倡和弘扬社会主义核心价值观，必须从中汲取丰富营养，否则就不会有生命力和影响力"[①]。为积极培育和践行社会主义核心价值观，要挖掘炎帝农耕文化、尧舜德孝文化、关公忠义文化、能吏廉政文化、晋商诚信文化等传统文化的时代价值。要抓好红色资源保护利用，挖掘红色文化精神内涵，传承红色基因，大力弘扬太行精神、吕梁精神、右玉精神等宝贵精神财富，用革命精神滋养思想、激励行为。在山西传统文化中，关于清廉从政、勤勉奉公，关于俭约自守、力戒奢华，关于中和、泰和、求同存异、和而不同、和谐相处，关于安不忘危、存不忘亡、治不忘乱、居安思危等，已经成为山西得天独厚的文化资源和宝贵的精神标识。推动优秀传统文化创造性转化和创新性发展，综合运用舆论宣传、文化熏陶、制度保障等手段，坚持古为今用、推陈出新，深入挖掘山西优秀传统文化蕴含的丰富核心价值与思想道德营养，积极赋予"德、孝、公、廉、敬、忠"等文化基因以新的时代内涵，使之与24字社会主义核心价值观要求相适应，成为涵养社会主义核心价值观的重要源泉。把弘扬传统文化同党的建设、公民道德建设、社会综合治理紧密结合起来，在全社会形成孝老敬亲、睦邻和谐的家训家风，扶正祛邪、公平正义的社会新风，服务群众、德政为民的党风政风。

（四）开发山西优秀传统文化中的德育资源，推动山西各项事业的不断发展

山西优秀传统文化中蕴含着无比丰富的德育资源，构成了山西优秀传统文化的主要精神内核，通过不断开发山西优秀传统文化中的德育资源，将使山西优秀传统文化在新时代焕发出新的价值，从而为推动山西各项事业的不断发展提供无比强大的精神动力

1. 炎帝肇始农耕的德育资源

中华民族自古以来就以炎黄子孙自居，炎帝神农氏是我们公认的中华民族始祖之一，他与黄帝轩辕氏一道共同开创了伟大的中华民族。炎帝神农氏同他所带领的原始部落先民一道，在长期的生产实践过程中，创造出了丰硕的物质和精神财富，为中华文明的发端以及中华民族的形成提供了

[①] 习近平. 习近平谈治国理政[M]. 北京：外文出版社，2014：170.

非常重要的物质和文化基础。在这一过程中形成的炎帝文化,作为中华民族文化的直接源泉和重要组成部分,具有极其强大的生命力和无比广泛的包容性。

据专家学者的研究考证,证明山西晋东南地区的高平市是神农炎帝故里。早在新石器时代,炎帝在以山西高平羊头山为中心的上党地区活动,他带领族人种五谷、教稼穑、遍尝百草、疗民疾苦,开华夏农耕文明之先河,启中华医药文明之先声。在高平保存了最为密集的神农炎帝历史遗存,碑记石刻最为翔实,民间祭祀活动源远流长,史书记载和故事传说十分丰富,历史文脉根源清晰可见,形成了光耀千秋的中华根祖文化。长久年来,每到农历四月初八这天,数以万计的华人都会从世界各地来到山西高平祭祀炎帝,共同缅怀这位伟大的华夏始祖。

在与严酷的自然环境做斗争,并初创中华文明的过程中,炎帝为我们留下了宝贵的精神财富。炎帝开创了农耕生产,体现了中华民族所具有的自强不息、勇于开拓的创新精神。遍尝百草,以身试毒,体现了中华民族为民谋利、舍己为人的奉献精神。血脉同源,孕育出了中华民族的爱国与团结精神。厚德贵和,孕育出了中华民族的公平与和谐精神。正是有了炎帝的卓越贡献,才有了我们中华民族的不断繁衍生息,才有了辉煌灿烂的中华文明。由此可见,炎帝农耕文化中所包含的宝贵精神,是中华民族自尊、自立、自信、自强精神的重要源泉。

2. 尧舜贵德重孝的德育资源

山西省的临汾、运城一带是我国尧舜文化资源最为丰富的地区,现存大量与尧舜有关的历史遗迹、碑记石刻、历史传说、风俗习惯等。经过几代考古研究工作者的补写努力,临汾市襄汾陶寺遗址,用其出土的大量文物证明这里曾是尧帝的都城,这里就是最早的中国,使尧文化由上古传说成为真正的信史。运城的永济古称蒲坂,在其盐湖区鸣条岗现存有舜帝陵庙,同时中条山南麓也分布着不少关于舜帝的遗迹和传说。从古代史籍记载来看,在《尚书》《史记》《山海经》等古籍中也都广泛存在着关于"尧都平阳、舜都蒲坂"的记载。尧舜禹文化是中华文明的根脉与源头,内涵丰富,影响深远。

尧舜文化蕴含着中华民族优秀文化基因,最为凸显的是"贵德"与"重孝"。首先是"贵德"。尧舜在进行人才选拔时，已经开始注重德才兼备这一用人标准。据传帝舜在其青年时期，就已经掌握了多种生产技术，他通过自己高尚的品德来教育和感化身边的百姓，使大家能够和睦友善地相处，久而久之，在舜居住的地方，就慢慢形成了都邑。舜以一介平民的身份，依靠自己的品德，得到了尧帝的关注，最终被确定为帝位的继承人。帝舜执政后也是爱憎分明，他果断放逐了混沌、穷奇、梼杌、饕餮"四凶"，发现并重用了"八元""八恺"等一批贤人，并和他选拔的诸位贤人一起，和衷共济，开创盛世。《尚书》中有记载，在禹得到禅让后曾说"德惟善政，政在养民"，可以看到，中华民族自古以来所推崇的以德治国、倡行德政，是真正自尧舜始的。

尧舜文化的另一枚重要标签是"重孝"。帝舜出生在一个非常特殊的家庭，生母早丧，继母、异母弟弟甚至父亲都曾经意图谋害他，舜一次次用过人的智慧保全了自己的生命，更为难得的是他能够能对于虐待、迫害自己的父母坚守孝道。舜20岁以孝闻名天下，可以说是中国孝悌文化的开创者，我们所熟知的《二十四孝》中，舜帝"孝感动天"是排在第一位的。孝悌是中华文化的基础，于父为孝，于君为忠，由修身至齐家，由齐家至平天下，形成了中华民族最独特的家国情怀。

3. 关公忠义仁勇的德育资源

出生于河东解州（今山西运城）的关羽，一生驰骋疆场，南征北战，辅佐刘备成就三国鼎立大业，谥号"壮缪侯"。自魏晋南北朝始，关羽的谥号追封不断，直到清光绪时，被追封为"忠义神武灵佑仁勇威显护国保民精诚绥靖宣德翊赞关圣大帝"[1]，封号已经有26字之多，最终与"文圣"孔子齐名，被世人尊称为"武圣"。

关公之所以能够受到历代中国人的尊崇，最重要的是因为他所具有的高尚道德人格。人们崇拜关公，归根到底崇拜的是他威武不屈、富贵不淫、贫贱不移的英雄气节与高尚情操。所以说，关公崇拜实际上是一种道德崇拜，关公文化中"忠、义、仁、勇"的精神，是中华民族优秀传统美德最为重要的组成部分，是中华民族优秀道德文化的重要体现。在山西运城关帝庙

---

[1] 钱穆. 中国文化史导论[M]. 北京：商务印书馆，1994：10.

门楣两侧分别刻着"精忠贯日"。而这正是对于关公文化核心最为精确的概括,"精忠"与"大义"也就是"忠义"。其中,"忠"是中国传统儒家最为基础的伦理要求。在儒家最为经典的文献《论语》中就对其进行过具体论述,孔子的弟子在对其思想进行归纳时认为"夫子之道,忠恕而已矣"。而"忠"正是关公文化最为重要的文化标签。在"忠"的基础上,关公身上还体现出了"义",无论是面对什么样的艰难困苦,关公从未动摇过对于主公刘备以及复兴汉室的忠义。历代以来,对于关羽的谥封,无论进行了多大的调整,始终保留着仁、勇二字,不难看出"仁勇"也是关公文化的重要内核。关羽的勇实际上表现为"仁勇",是为中国人民所公认的"仁勇楷模"。其精神文化对我国后世道德观念的发展产生了无比巨大的影响。

4. 能吏清廉勤政的德育资源

廉政文化作为中华民族优秀传统文化重要的组成部分之一,在我国有着非常悠久的历史传统。而山西作为中华文明源头之一,由于其得天独厚的地理位置与文化背景,造就了山西人民和善忠厚、勤俭朴素的优良品质,进而孕育出了博大精深的法治文化及源远流长的廉政文化,为中华民族廉政文化传统的最终形成做出了重要贡献。山西的廉政文化资源极其丰富。回顾历史我们可以看到,在山西曾经出现过诸多能臣廉吏,例如唐代名相狄仁杰、宋代名相司马光、秉公明断的理学大家薛瑄、廉名传高丽的杨继宗、一代帝师陈廷敬,更有被誉为"天下廉吏第一"的于成龙等,他们的廉政思想和举措都是我们宝贵的廉政文化资源。

山西的廉政文化内涵丰富,不过最为核心的是"清廉"与"勤政"。崇尚节俭是中华文化的一个重要内容,自古以来中国人即崇尚节俭的生活作风,强调淡泊明志,认为"惟俭可以助廉"(宋赵善璙《自警·编俭约》)。在这一点上山西廉政文化中体现得尤为明显。被称为"明朝天下第一清官"的杨继宗,不为当时污浊的官场所染,连大太监汪直都承认,天下不爱钱的只有杨继宗一个人。有"三朝帝师"之称的祁寯藻,也是山西人为官清廉的典型代表,他身居高位但生活用度却极其节俭,告老还乡时甚至因为家中房屋破烂无法居住,不得不到寺庙中暂居,十年宰相,两袖清风,至今仍传为美谈。

三晋大地的能吏贤臣,除了廉洁奉公、甘于清贫外,更为重要的是他们能够做到敬业务实，能够为了民生社稷恪尽职守、呕心沥血。被誉为"天下廉吏第一"的于成龙，更是他们当中的典型代表。于成龙曾经说过："于不得已处求一份担当，即人民利益处也！"而他的一生也正是这句话的真实写照。清顺治十四年（1657年），已经四十四岁的于成龙被选派为罗城县令。罗城地处广西，穷山恶水，前两任县令一死一逃，家人亲朋都劝于成龙不要赴任，但于成龙却说："荒芜之地，皆国家之土。人生仕宦，岂有避险趋易哉？成龙读书一场，半生蹉跎，岂不知见利勿趋、见害勿避！古人尚知义不辞难，成龙岂可知难而退！人生一场，老死何为？"于成龙上任之后治乱世、用重典"，仅仅用了不到三年的时间，就使罗城发生了巨大的改变，显现出百姓安居乐业的新气象。在二十余年的宦海生涯中，于成龙先后三次被评为"卓异"，一生政绩卓著、清廉为民，深受百姓爱戴。

5. 晋商重信守约的德育资源

在中国历史上，山西晋商兴盛五百余年，称雄明清两代，其贸易范围远涉国外，船帮、驼帮联通四海，汇通天下。纵观晋商的整个发展历史，我们不难看到其之所以能够取得如此巨大的成就，与其在发展过程中逐渐形成的一套独特的能够对其经营管理和自我完善发展进行全面指导的商业思想以及商业文化是密不可分的。晋商文化深深植根于中国传统文化和儒家道德观念之中，其核心和精髓，归根到底就是"重信守约"的诚信思想。

晋商文化的产生与发展与中国儒家思想影响有着密切关系。在经营过程中，他们把商业信誉看得至高无上，自始至终坚持着"诚信至上，有约必践"的经营原则。在他们看来，虽然商品经营的最终目标是营利，但是这种盈利是必须建立在信义的基础上的。晋商提倡见利思义，讲究君子爱财求之有道，反对所有见利忘义、唯利是图的做法。晋商翘楚乔致庸在总结自己的经营理念时就曾经说过，他做买卖"一是守信，二是讲义，三才是取利"。

得益于将伦理道德与商业效益的有机融合，晋商最终创造出了"纵横商界五百年、驰骋欧亚九万里"的商业奇迹。晋商用重信守约赢得了天下人的认可。在明清时期，有很多商业谚语都是与晋商的这种精神相关的，比如山西商人常说"诚信赚得字号久，谦和赢来顾客常""售货无诀穷，信誉第一条"等。可以看到，晋商之所以能够成为当时中国十大商帮之首，不是仅仅凭借其雄厚的财力，更重要的是因为其形成了诚信经营的晋商文化。改革开放以来，中国在经济发展方面取得了巨大的成就，但同时我们也看到了伴随市场经济发展而产生的一系列负面问题，特别由于过分追逐利益导致诚信精神的缺失，造成了市场上在现阶段还存着制假贩假、赖账逃账、欺诈经营等一系列问题，对于社会主义市场经济的平稳、健康发展，产生了严重的不良影响。在这样的背景之下，晋商"重信守约"的道德文化，对于当代中国商业道德的建设就具有无比重要的现实意义，需要我们对其进行持续的深入挖掘。

第三章 山西戏曲与歌舞文化的传承与创新

山西在中华戏曲发展史上具有重要的地位，其因戏剧历史之久远，剧种之繁多，剧目之丰富被称为戏曲大省。山西戏曲作为山西文化重要内容之一，以其独特的物质和精神文化内涵长久以来活跃在三晋大地乃至中国、世界的舞台，世易时移，其厚重绵延的艺术魅力更日益积累沉淀，为世人瞩目且共享。

自古以来，歌舞大都存在于戏曲之中，因此，本章将山西戏曲与歌舞文化整合到一起，立足山西戏曲与歌舞文化的传承与创新，挖掘山西戏曲文化的起源与发展。

一、山西戏曲与歌舞文化的起源与发展

（一）历史悠久的山西戏曲文化及其特点

山西位于黄土高原的黄河中游，四周山水环绕，呈"表里山河"之势。作为中华民族的发祥地之一，山西自古为华夏人民生活、繁衍的地方。如"尧都平阳""舜都蒲坂""禹都安邑"即今天的临汾、永济和夏县，历史故都多建在山西的南部地区。周代，山西是唐国的领地。春秋战国时期，山西为晋国、燕国、赵国的属地。秦始皇统一中国后，在山西设有太原、上党、河东、雁门、代郡等五郡。至隋朝，太原是黄河流域仅次于长安和洛阳的第三大城市。五代时期，后唐、后晋、后汉和北汉都是以山西为根据地起家的。金元时期，山西的经济、文化在中国北部居领先地位。可见，自秦到汉代，山西成为历代王朝建都的首选之地，经济、文化发达。元明清时期，

山西也是国家的粮仓、抵御外族入侵的北部边陲与藩王屯据的重地。①

历经了多少朝代的更替、兴衰，历史文化也慢慢积淀在山西这块土地上，形成了影响山西各方面发展的三晋文化。同时，山西作为中华戏曲艺术的发祥地之一，其戏曲文化发展历史源远流长、脉络清晰，承载着山西悠久古老的历史文化与深厚的戏曲文化底蕴。就目前山西所发现和保存的戏曲资料来看，不论是众多丰富的地下戏曲文物，还是地上的戏台、戏曲壁画、戏俑、舞楼戏台与碑刻；不论是流传于民间、市井的口传相授的戏曲表演艺术，还是保存较为完整的戏曲演剧史资料，尤其是作为戏曲艺术繁荣的体现——戏曲剧种的数量，都是十分丰富的，堪称中国戏曲大省。②

作为山西文化最直接、最光彩的代表——山西戏曲，其发展具有完整性、丰富性、地域性的特点。

1. 完整性

山西戏曲史的发展涵盖了中国戏曲发展的各个时期的历程，发展脉络清晰，即表现为原始歌舞—乐舞文化—参军戏—杂剧—地方戏的过程。上古时代，在劳动生活中，原始歌舞狩猎舞、战争舞、祭祀舞、农事舞在山西产生了；再到奴隶社会时期的歌颂舞——"韶舞""武舞"。原始社会、奴隶社会的歌舞虽带有浓厚的仪式和宗教色彩，但也表现了下层民众的思想感情，造就了山西民间歌舞和民间表演艺术的雏形。

在春秋战国时期，丰富多彩的乐舞文化逐渐兴盛。战国时，"风""雅""颂"传遍三晋大地。今山西北部一带当时属赵国，赵国民众习歌善舞之俗，直至汉代仍广为流传。秦汉以后，乐舞文化传统逐步演化出各种表演艺术形式，演变为中国古代戏曲艺术的萌芽状态，终于在宋、金、元时代产生了成熟形态的戏曲艺术。③

与此同时，山西民间傩戏，如以锣鼓杂戏、赛戏为主要表演形式的"傩文化"也活跃起来。其中有的内容已经带有了戏剧艺术形成阶段的特点。"傩"是古人于年终腊月驱逐疫鬼、祈求来年太平安康的一种宗教仪式，与原始社会的祭礼乐舞文化有承继关系。最初有傩祭、傩礼、傩舞等，进

---

① 乔志强. 山西通史[M]. 北京：中华书局，1997：56.
② 马宝志. 三晋文化[M]. 沈阳：辽宁教育出版社，1995：173.
③ 马宝志. 三晋文化[M]. 沈阳：辽宁教育出版社，1995：181.

而发展为傩戏。在晋南发现的《扇鼓神谱》就是古人举行傩祭活动的演出底本。锣鼓杂戏也是一种祭祀戏，剧目多为历史故事和神话传说，武打占有较大比重。赛戏也是祭祀乐舞文化的一个分支，它的特点是程序化较强。如在晋东南潞城发现的《迎神赛社礼节传簿四十曲宫调》，它是一种在祭祀中供奉的仪式，包括上演的曲目和剧目的程序。

在古代社会，山西傩文化不仅限于宫廷，而且遍及民间，连绵不绝。到宋、金、元时代，山西傩文化的种类更多，也更为普及。

山西是宗教影响范围深和广的地区。自北魏以来，儒释道等多种宗教盛行山西，对山西的文化影响深远，尤其是道教对山西各地道情戏的影响，佛教对戏曲剧目与剧种有着影响。儒教影响着山西剧种所演剧目，同时对各种戏曲剧种所供的行业神具有很深的影响，使得山西戏曲带有很浓厚的宗教色彩。

元代以来，戏剧艺术得以成熟，其标志是中国戏曲正式成型为元杂剧。而元杂剧前期阶段的活动中心就在山西南部的平阳地区，以致后来遍及整个中国北方的元杂剧就是从这里发端、兴起的。

明清是山西戏曲发展的兴盛时期，各种地方戏、外来戏遍布全境，乡村城镇等各地戏台的修建达到高峰，极大地繁荣了山西的戏曲文化舞台。

另外，山西的民间艺术歌舞、曲艺，无论是声腔曲调还是唱词表演艺术形式，也为戏曲剧种的形成奠定了很好的基础。山西的民间音乐能手几乎到处都有，山西的民间音乐活动与山西人民的生活习俗息息相关，从南到北，从东到西，一年四季，连绵不断。尤其是重大节日期间，由各地群众自发组织的民间音乐表演活动丰富多彩、时间久长。山西各地传统音乐庙会、民俗节日等也为戏曲的发展提供了很好的交流、学习、发展的平台与空间。宗教场所举办的祭祀活动、民间商贸交流的庙会也间接地为山西戏曲剧种的发展提供了很好的艺术发展土壤与传播条件。

从戏曲剧种所需的乐器而言，历史悠久的山西民间舞蹈、民歌为戏曲剧种的产生提供了可靠的保证。山西的古代民间乐器种类很多，根据考古发现，山西新石器时代就有了陶埙，夏朝有了石磬，春秋有了甬钟、编钟等。现在我们看到的山西民间乐器，也大都是自先秦传下来的。这些乐器由笙、管、笛、胡琴、板胡、三弦、唢呐、琵琶、筝等组成。在今天我们常见的民间乐器中，还有各种鼓器以及铙、钹、锣等，也都有很长的历史了。山西的民间乐曲大体分三类：一类是由各地吹鼓手班子演奏的"鼓吹器乐曲"；一类是由各地群众闹红火时用多种乐器演奏的曲调，最有名的是长治的"八音会"和洪洞的"威风锣鼓"等；一类是由僧道流传下来的"庙堂音乐"或僧道音乐，最有影响的要数五台山僧人演奏的庙堂音乐了。①

2. 丰富性

山西戏曲文化的繁荣体现在戏曲剧种的丰富性上，剧种数量在全国最多，地方戏与外来戏并存而融合、发展；剧作家最多，集中了当时中国众多的著名剧作家。

山西有着丰富的民间音乐文化遗产和得天独厚的民间音乐发展的土壤。从早期的乐舞大师到民间艺人再到专业剧作家更是层出不穷。在先秦古代戏曲的萌芽时期，山西涌现出了优施和师旷等乐舞艺术大师。优施是晋献公时期一位能歌善舞的宫廷艺术大师。师旷是山西洪洞人，春秋时期晋国乐师，精通音律，善于弹奏，在人类历史上首先把乐曲分作"清商""清徵""清角"等类别，《阳春》《白雪》均出自其之手。战国时期三晋之一的韩国（今长治、晋城两市）也出现了一位叫韩娥的著名民间女歌手，史书记载其歌声"余音绕梁，三日不绝""一里老幼，悲愁垂泪相对，三日不食"。②

戏曲演出活动遍布山西地区各地。历史发展的这一偶然性给日常生活贫乏单调的劳动人民带来了些许乐趣，也产生了不少民间艺术家。在浓厚戏剧文化传统的氛围中成长起来的民间戏剧家——泽州人孔三传，创造了"诸宫调"这一新的戏剧艺术形式。所谓"诸宫调"，即多种宫调的组合体，运用不同宫调中的曲牌演唱长篇故事，说唱结合，以唱为主，便于更全面地抒发人物内心感情和表现现实生活。据史书记载，"泽州孔三传者，首创诸宫调古传，士大夫皆能颂之。……编成传奇灵怪，入曲说唱"（宋王灼·《碧鸡漫志》）。从此，诸宫调便广泛流传，为后来成就更高的王实甫创作的元杂剧《西厢记》提供了艺术表现形式，促成了元杂剧的诞生。

在元代，忠都秀就是这一时期出现的深受民众喜爱、名垂后世的民间戏曲表演艺术家，其高超的表演技艺、动人的艺术形象至今仍在晋南一带

---

① 安瑞生. 山西历史 [M]. 北京：中国旅游出版社，2001：23.
② 降大任编著. 话说山西 [M]. 太原：山西古籍出版社，2002：194.

广为流传。今洪洞县明应王殿保留的"忠都秀作场"壁画就刻画了这一时期民间艺术史的历史印记。

丰富的戏曲资源，悠久的戏曲文化，形成了历代山西人民朴素的戏曲审美意识和对戏曲艺术的执着与热爱，同时也促进养育了戏曲艺术的创作，戏曲作家人才济济，作品丰富多彩。金、元时期，山西杂剧名家辈出。如元代剧作家山西籍者有14位，如关汉卿、郑光祖、石君宝、白朴、乔吉等都是山西籍剧作家。元杂剧作家中最为著名的是"关、白、郑、马"四大家。而这四家中，除马致远外，都是山西籍人士。关汉卿祖籍山西解州（有大都说、河北说、山西说等三种说法），他名列四大家之首，是元杂剧的奠基人。其一生创作了66部杂剧，是作品最多的元杂剧作家。他的《窦娥冤》《拜月亭》《望江亭》《单刀会》等作品至今仍活跃在中国的戏曲舞台上。白朴，今山西河曲县人，他创作的16种杂剧，大多属于爱情剧，今存有《墙头马上》《梧桐雨》等。郑光祖是襄陵（今山西襄汾县）人，其创作的《倩女离魂》与关汉卿的《拜月亭》、白朴的《墙头马上》、王实甫的《西厢记》并称为元杂剧四大爱情戏。元末太原人罗贯中作为四大古典小说《三国演义》著者之一，其杂剧也有三种，今存《风云会》一种，是描述北宋开国史事的剧本。[①]

明清时期，三晋文脉、晋阳文化的代表人士傅山先生著有杂剧三种，其中《红罗镜》是爱情故事，表现了充满争自由的人文精神。明万历间太原人徐见贤，有传奇剧《彩虹记》（今佚）。另明代太原人王介人著有《红情言》传奇，共48出。清代介休人宋廷魁之《介山记》24折；平阳人徐昆《雨花台》32出及《碧天霞》《合欢行》等剧目，至今有扮演者；河津人范驹著有杂剧《送穷》，太原人张锦著有《新西厢》《新琵琶》两剧，均堪称梨园界大作。[②]

戏曲演出离不开观众，人口的多少与地域分布、经济发展水平、自然环境的优劣、移民等因素的时空变化也间接地影响着戏曲剧种的分布。其中，不仅作为观众，而且也作为山西戏曲艺术的传播者，山西的移民、商人、优伶与乐户对山西戏曲剧种的发展、流布与兴盛起着十分重要的作用。

---

① 降大任编著. 话说山西[M]. 太原：山西古籍出版社，2003：194.
② 降大任编著. 话说山西[M]. 太原：山西古籍出版社，2003：200.

第三章 山西戏曲与歌舞文化的传承与创新

山西为中国古代文化繁荣发达的地区之一。仅从戏剧文化来看,由乐舞文化到宋、金、元时代中国戏曲艺术的诞生,再到明清近代中国戏曲艺术的繁荣发展,也足见山西戏曲文化的源远流长,根深叶茂。在如此良好的戏曲文化背景之下,山西戏曲艺术文化得以迅速发展与兴盛,自汉唐、宋金元以来,山西戏曲艺术得到长足的发展,明清时期戏曲艺术发展到顶峰时期。作为戏曲艺术的体现——剧种,戏曲剧种多达 50 多种,居全国戏曲剧种数量之首。

山西戏曲剧种的发展历经千年的发展与变化,经历了兴起、繁荣与衰微的发展历程。剧种数量由最早的祭祀求神的傩戏(4 种),发展到明末清初的四大梆子戏,以及后来的道情戏,到清末山西剧种发展到 44 种。明清时,虽历经人口数量的巨大波动、人口迁移、自然灾害等因素的影响,但这一时期是山西戏曲剧种发展最快、剧种数量最多的时期。在此期间,山西各地的戏曲活动更加普及了。山西戏曲剧种又在元杂剧的基础上,先后孕育出了驰名中外的山西"四大梆子"——中路梆子、南路梆子、北路梆子、上党梆子,还有干板秧歌、潞安大鼓、上党鼓书、襄垣鼓书、临县道情、壶关秧歌、黎城秧歌、襄武秧歌、沁源秧歌、晋城秧歌等众多地方小剧种。晚清至民国时期,山西地方戏流行者有多种,如秧歌剧、道情戏、眉户、落子戏、碗碗腔、赛戏、耍孩儿、二人台、小花戏、罗罗腔等。新中国成立至 1965 年,在社会安定与经济恢复发展的时代背景下,山西戏曲剧种又增加十个,戏曲剧种数量已经发展到 54 种。到 2003 年,随着市场经济的发展,与外省市戏曲文化交流的深入,各种文化艺术的日新月异,山西戏曲剧种与 1965 年相比反而减少了 27 个剧种,为 28 个剧种,仅新增一个剧种。

多样性还表现在按照戏曲剧种声腔分类:山西有梆子戏、皮黄戏、民间说唱戏、秧歌戏。按照声腔的多少可分划分为单体声腔与多种声腔。戏曲类型分为梆子戏、秧歌戏、道情戏、皮黄腔、曲子戏、落子戏以及其他类型小戏。

3. 地域性

山西特殊的地理环境孕育了山西戏曲文化鲜明的地域性特点。

从晋东南、晋南地区丰富的宋元时期的戏曲、音乐文物的大量遗存可以看出当时此地乐舞文化的丰富性。山西的晋中、晋东南地区在金元时代未受大的战乱影响，较为安定，因此散乐、杂剧活动会较大的发展。万荣、临汾、沁县等地至今皆存有宋代的乐楼、舞楼、舞亭的碑记。稷山马村金墓砖雕刻有北宋晚期的戏剧舞台，这是中国目前所能见到最早的舞台、戏楼的实物遗存。

在山西，遍布全省的演出场所的遗迹成为宋金以来音乐、戏曲在山西繁盛的历史见证。早在北宋年间，山西南部已有了萌芽状态的戏剧艺术，如滑稽戏、歌舞戏、百戏技艺、傀儡戏、影戏等，均在民间广为流行。

在南宋与金对峙的局势下，北方游牧民族和南方农耕民族逐鹿中原，中原地区攻伐频繁，晋南则偏安一隅，致使当地经济发展得以持续，民众相对安居乐业，因此，民间戏剧艺术在节庆日、婚丧日、社日、祭日等各种民俗活动中得到了更为广泛、深入的传播。到了元代，山西被划入直属朝廷的中书省，使得民间戏曲艺术和文人创作、宫廷戏剧在互动融合中相得益彰，共同发展。

位于山西南部的平阳府（今临汾市）就是产生元杂剧的温床。平阳府也是地处东连上党、西临黄河、南通卞洛、北阻晋阳之地，一向是中原的门户，是历代政治军事要地。宋元时期，这里城市经济发达。

泽州（今晋城市）是一个乐舞文化和戏剧艺术特别深入民间的地区，各种大戏和曲艺几乎普及到了所有的山庄窝铺，可以看出，河东、上党地区，历史悠久的乐舞文化传统、繁荣的经济环境和特定的社会政治背景为戏剧艺术的发展成熟提供了适宜的土壤。它是我国戏曲的发源地，素有"中国戏曲摇篮"之称，并进而流布繁荣了山西各地的戏曲文化。

从山西戏曲文化的地域分布来看，山西北部属北方文化区的边缘地带，中原农耕文化和北方游牧文化在这里交流、碰撞、融合，进而在封建时代形成了"角抵戏"和"参军戏"。在位于今山西北部的古中山国，封建贵族从民间艺术中吸取营养取乐，民间艺术也在与宫廷文化的交流中得到提高，形成了繁荣的山西古代戏剧文化。

此外，戏台也能够反映山西戏曲文化的悠久文化背景。山西戏台经历了元、明、清三个时期的发展，戏台遍布山西全境。据老艺人讲，村村有戏台，

《中国戏曲志·山西卷》称山西有戏台上万座。[①]虽然这些数据源于新中国成立初期,戏台数量没有经过专业人员的实地调查,缺少具体的数据统计,数字可能存在虚报,但从已有的山西戏曲文献资料与戏曲文物发掘来看,山西戏台的数量、戏台的样式、戏台修建所经历的久远年代,在当时的中国还是最多和分布面最广的省份。山西戏台分布的地域性非常鲜明,多沿河分布,运城、临汾、长治、晋城、太原、大同为戏台集中分布的中心城市,平川、河谷丘陵地区戏台分布较广,山区、分布较少。晋南、晋东南是山西戏台分布最多的地区,也是戏台碑刻记录翔实的地区。晋南现存元代戏台就有20多处;洪洞广胜寺的戏曲壁画,更是戏曲史上的珍贵文物。

戏曲是浓缩了当地文化、风俗、语言等因素的艺术样式,它根植于民间大众之中。丰富的山西戏曲文化历史背景为山西戏曲剧种的发展奠定了很好的基础。就山西戏曲剧种而言,山西地方戏充分显示出其地域文化的深刻内涵。如上党梆子和晋剧,显示出晋阳文化与上党文化的地域内涵;左权秧歌、临县道情反映出当地的民俗文化。可以说,每一种地方戏既是地域文化孕育而成的骄子,同时又是地域文化的结晶和象征。

剧种是戏曲文化的体现,不仅是社会人口经济文化等方面的综合反映,也是地理环境作用的结果。山西位于黄土高原,四周被高山、大河、长城所包围,呈"表里河山"之势,内部的地形则是山脉、河流、盆地分割占有,气候跨越干旱、半干旱与半湿润地区,也是农业区与牧业区分界线从中部通过的地区。作为地方戏,山西戏曲剧种在全国来说具有鲜明的特性、个性,即地域性、多样性的特点。地理环境影响下的剧种的地域特点十分突出,古老的戏曲剧种能够保存下来,外来的戏曲剧种能够与当地的戏曲剧种在声腔、器乐等方面相互融合,地方戏之间也能够相互取长补短,相互影响融合,丰富了戏曲剧种的地域性、多样性,从而造就了山西戏曲剧种独特的艺术风格。地域造就浓厚的历史文化,而文化又培养了多样的戏曲剧种,使得山西戏曲剧种的文化地理特性鲜明,刻着地域的烙印。秧歌、梆子、道情、说唱等戏曲剧种都有适宜自己的生存空间。如秧歌多在山区流布,道情在山区、多远离中心大的城市,外来戏主要集中在沿河的中心城市。

---

① 中国戏曲志编纂委员会编. 中国戏曲志(山西卷)[M]. 北京:北京文化艺术出版社,1990:58.

山西戏曲剧种的丰富多彩，与它悠久的历史文化和艺术传统有着重要的关系，积聚创造了厚重而丰富的戏曲文化遗产，遍布南北东西、山区、丘陵、平川，有着广泛的戏曲观众和深厚的戏曲文化土壤，成为山西人民宝贵的精神财富。尤其是山西南部的蒲州、晋东南的上党地区，不仅是山西文化繁盛之地，也是戏曲活动最早的地区之一，并且成为宋、金、元时期戏曲艺术的发源地之一。

（二）山西民间歌舞艺术的形成、发展与成熟

山西民间歌舞艺术以其独特的民俗特色，观众喜闻乐见的表现手法，从南到北，在中华大地上引起了民间民族歌舞的再兴。其艺术风格早已存在于黄河流域这片广袤的大地上。

1. 远古时期的原始艺术

翻开山西浩瀚的历史，早在远古时代就有人类活动的足迹，大量隐现歌舞活动身影的文物可以证明，山西同样是艺术历史非常悠久的一方土地。最早的山西民歌出于尧帝时代："日出而作，日入而息，凿井而饮，帝力于我何有哉！"（《击壤歌》）而在最早的诗歌总集《诗经》中的《唐风》《魏风》，其大部分都是产生于山西的古老民歌，如《硕鼠》《绸缪》等。

"帝尧立，乃命质为乐，质乃效山林溪谷之音以做歌，以致百兽舞。"（《吕氏春秋·古乐》）山西作为尧、舜、禹都城所在地，原始先民们劳动之余的欢乐歌舞传统，由此可见一斑。

夏商周时期，山西境内可以考证的歌舞活动的痕迹更多。周代编钟、编磬及铜佣、陶佣，做舞蹈状的春秋人物陶范，也足以说明山西这块土地上歌舞活动之繁盛。当时在三晋之一的韩国（今长治、晋城）出现了一位民间歌手——韩娥（前文提到，此处不赘述）。当属赵国的山西北部，能歌善舞的民俗，传承至今。

2. 近代山西民间歌舞艺术成就

宋元以后，特别是明清时期，山西的民间歌舞品种越来越多，今天我们能看到并在民间普遍流行的民间歌舞品种，有的远在宋元时期就已经开始流行了。当时的山西歌舞艺术已经初步成熟，主要标志就是出现了一批影响力巨大的艺术家，如光照整个文学史册的关汉卿、郑光祖、白朴、乔

吉等都是山西籍作家（前文已述）。

历史的厚爱，留给山西这片艺术土壤的是230余个舞种和上万首民歌，当之无愧地争得"民歌民舞"桂冠。舞种丰富，包括秧歌、锣鼓、彩灯、车船、花鸟、拟兽、武技、神鬼等诸多门类；曲种庞杂，有山歌，小调，号子，套曲；各自争奇斗艳，是山西民间歌舞的母体与根基，是山西民间歌舞取之不尽、用之不竭的创作之源，成就了山西民间歌舞的辉煌。如今，山西被誉为"民歌的海洋"，是指山西本土民歌的发展，无论是体裁的广泛，还是形式的多样，堪称罕见。

山西的民间舞蹈和民歌一样，是一个非常大的艺术宝库。历史上的山西民间舞蹈，种类众多，内容丰富，它不仅为山西歌舞艺术的长足发展提供了重要的基础，而且它的历史价值、文化价值都贯穿在整个山西民间歌舞艺术发展的全部历程中。

3. 黄河流派的形成与成熟

山西民间歌舞源自传统民间歌舞，是在丰厚的民间艺术土壤上生长的一朵奇葩，比如其中的《看秧歌》《桃花红，杏花白》。黄河歌舞的主干作品"黄河"三部曲，所选取的大多来自于山西民歌，有些甚至是原汁原味的土民歌，其舞蹈动作语汇也选自民间舞语汇。这些创作与山西的民间艺术和民间文化底蕴是分不开的。

山西民间歌舞以繁多丰富的山西民间歌舞为基础，诗美，乐美，舞美，并将三者近乎天衣无缝地结合。近年来，由山西省歌舞剧院推出的大型歌舞《九曲黄河》，突出了山西厚实的文化底蕴，展现了黄河儿女的阳刚之气和硬朗之风、展现了黄河东岸三晋大地浓郁的黄土气息和鲜明强烈的时代感。整台晚会以山西民歌、民舞作为主体表演形式，让大家从歌声和舞姿中感受到山西的风、情、韵、感悟人与自然的和谐、人与社会的和谐、人与人的和谐。整台歌舞表现出阳刚硬朗、大气和谐，气势恢宏壮观，却又如诗如画。2013年推出的"歌从黄河来"——山西经典民歌交响音乐会，在以往创作的基础上，不断创新，将山西经典民歌与交响乐团完美结合，百余人的合唱团以及舞台前区三十余位山西民歌的传承人，结合山西民间歌舞的特色，突出表演唱，再结合大气磅礴的舞台设计，背景的交替，一次次冲击着观众的眼球，同时也把山西歌舞艺术推向顶峰！

二、山西戏曲与歌舞文化传承与创新的路径

传统戏曲歌舞作品要生存、要发展、就必定要进行创新，这就涉及一个新的概念，也就是文化创意。2013年2月18日，大型情景体验剧《又见平遥》在山西平遥正式公演；2014年12月18日晚，山西省话剧院创排的话剧《孔子》在龙城实验艺术剧场首演；山西艺术职业学院创作的大型舞剧《一把酸枣》在2004年12月5日北京保利剧院首演；2014年12月16日，山西戏剧职业学院创排的现代晋剧《托起太阳的人》在华夏剧场上演；2014年9月19日，佛教情景体验剧《又见五台山》在山西五台山首演2015年5月6日、7日，由著名作家莫言小说《红高粱家族》改编的晋剧《红高粱》在山西大剧院演出；……这些诞生在山西的现代戏剧作品从首演至今，收获了无数的荣誉并广受观众好评，将山西传统戏剧文化用现代化的方式和创意表现出来，与传统戏剧的呈演形式和上座率形成了鲜明的对比。一方面，传统山西戏剧作品依赖于老戏迷的忠实老观众，另一方面现代戏剧场次安排应接不暇、场场爆满，除了热爱戏剧的老戏迷们，更有一大批有消费能力的青年人群体、热衷于学习的学生群体等各个年龄层次的观众，关注度之广前所未有。虽然目前山西戏曲歌舞文化创意还不能与北上广等国际型大都市相比，在运作模式上也与大城市市场化的运作方式有很大不同，但是业已形成的戏曲歌舞文化创意趋势已经鲜明可见。

因此，本章就目前山西省内具有一定代表意义的戏曲歌舞文化创意典型案例，通过对其的创作、表演等方面进行走访调研，寻找其规律和共性，探寻山西戏曲歌舞文化传承与创新的路径。因篇幅所限，本章仅以晋剧《红高粱》、山西说唱剧《解放》为例，分析它们的创意，并提出山西戏曲歌舞文化传承与创新的建议。

（一）晋剧《红高粱》作品分析

2015年是纪念抗日战争暨世界反法西斯战争胜利70周年，山西省晋剧院抓住这一极具纪念意义的年份，倾力打造了一部抗日晋剧精品《红高粱》。该剧特邀我国著名导演石玉坤执导，由国家一级编剧龚孝雄执笔，晋剧音乐泰斗刘和仁担任作曲，国家一级舞美设计师赵国良担任舞台美术设计，国家一级服装设计师蓝玲担任服装设计，国家一级舞美灯光设计蒙

秦担任灯光设计，汇聚了当代中国知名的戏曲制作人员，并由山西省晋剧院负责表演。晋剧《红高粱》自问世以来，被列入文化部（现文化和旅游部，下同）纪念抗日战争胜利全国巡演剧目，并被入选至全国中青年优秀演员调演剧目。晋剧《红高粱》在巡演期间，途径北京、河北等地，每到一处，观众反应强烈，场场爆满，甚至在某些地方还要求加演，大大超出了编排时的预期。原文化部副部长董伟及中国艺术研究院、中国戏曲协会的领导、专家在北京观看了演出并对该剧高度赞赏。

晋剧《红高粱》改编自诺贝尔文学奖获得者莫言的小说《红高粱家族》，改编继承了原著中人性的自由热烈、血性激情、狂野奔放和无拘无束的原始生命力；同时又加入了对抗日战争的理解和实现，从自发的无意识抗战到民间组织的抗战，最后上升为中华民族农民阶级的整体抗战。全剧以九儿、余占鳌、刘罗汉等一批鲜活的农村人民形象为代表，讲述了奋力抗日、同仇敌忾的故事，反映了黄河儿女在抗战时期的血性体验，从无意识的抗争到民族主义精神的觉醒。在故事中，着重刻画了黄河儿女那敢爱敢恨、义薄云天的英雄气概和对生命的自由追求，整出戏情节跌宕、充满激情。

在晋剧《红高粱》问世以前，各种艺术门类都对《红高粱家族》进行了不同演绎，均取得了不俗的社会反响，在电影和舞剧方面尤为突出。我国第五代导演的代表张艺谋在20世纪80年代执导的电影《红高粱》中，由巩俐和姜文担任主演，整体电影色调运用丰富而充满寓意的大红色，镜头多变，镜头语言深刻，向观众心中植入了深刻的代表原始生命力的红高粱，并获得了第38届柏林国际电影节的金熊奖。同名改编舞剧，由我国著名编剧咏之执笔，由许锐、王舸导演，青岛市歌舞剧院演出。舞蹈对原著中昂扬向上的精神着力抒发显示出生命力的顽强，是近年来舞剧领域的精品，获得了第十届中国艺术节"文华大奖"。

晋剧《红高粱》讲的是在日本侵华战争全面爆发后，黄河儿女面对日本侵略者，最初保持着息事宁人、忍让生存的态度，在日本侵略者的不断侵扰下，为了生存和复仇集体抗击，由个人复仇走向集体抵抗的现代戏。即从集体无意识，到不自觉的反抗，直到最终觉醒的抗争意识。全剧遵循了原著体现的美学思想和艺术特征，立足于原著中的人物关系和情节，做出了一定的调整和改编，弱化了原著山东地区的特色并增添了晋剧特征。

原著中故事发生在山东省高密地区，由于改编需要，创作人员把地址改到了黄河沿岸的高粱地，这就使用晋剧演绎剧本有了合理性。在人物设计上，仍以原著中的九儿、余占鳌和刘罗汉为主要人物，围绕他们三者的关系进行改编，在人物关系的背景上增加了他们青梅竹马的设定，用来构建他们之间的情感线索。在叙事的方式上，沿袭了原著中第三人称的"我奶奶"自述方式，更加自由地对情节推进和场面转化做出了改善，在语言风格上保留山西韵味，用倒序的方法，使用原著语言。

晋剧《红高粱》的成功，得益于创新性的改编，在保持原著艺术精神的基础上，改编后呈现了晋剧特有的剧种气质和程式化表演，在形式上积极加入戏曲和晋剧因素，在表演程式上也突出了晋剧的气质。因为晋剧以唱为主，演唱风格豪迈而又高亢，可以很好地表现悲壮的情节，语言上粗犷且细腻。这样的改编方式，就是要让《红高粱》符合晋剧艺术的"单线叙事"，把事件、人物、情感和冲突集中在一起，让唱词合乎情理。整部剧围绕着晋剧的表现方式，首先将台词和唱词贴合晋剧，在剧中九儿的父亲接女儿回门时，还颇具匠心地加入了传统晋剧《打金枝》中的唱段，增强了剧种的质感。表演程式上的晋剧化，就是要在剧本中充分给予演员合理的表演空间，使演员可以将晋剧中的绝活和手段合理的表演出来。晋剧的一大特点就是表演者使用大量的行当绝活，所以在晋剧《红高粱》中，三个主要演员都施展了自身的绝活，例如椅子功和跷功。

晋剧《红高粱》作为一部改编的现代戏，其中有很多的创意和创新值得研究。

1. 戏曲与舞蹈的结合

晋剧《红高粱》之所以获得不同层次和戏曲接受度的观众一致好评，首先得益于整部戏在传统的基础上富有时代新意。山西省晋剧院在创排本剧时，一直贯彻要在保持晋剧艺术基本特征之上，注重和吸引现当代观众尤其是青年一代观众的审美需求，对浪漫主义、现实主义和表现主义等手法融合使用，增强了本剧的地域特色和民族特色。例如在剧目中加入了山西的民歌和舞蹈等艺术元素，在"颠轿""祭酒"等场次中，加入了双人舞和群舞等表演，把戏曲和舞蹈十分巧妙地结合到了一起，对人物的表现力也是很大的提升。同时在剧中，大量吸收了诸如祁太秧歌、柳林伞头秧歌等民间音乐,丰富了此剧的音乐和唱腔。

在晋剧《红高粱》中,对晋剧的各式绝活也进行了大量的展现。在剧中,九儿的表演运用了跷功和椅子功等晋剧绝活。在第一场的"坐轿"、第二场的"椅子功"、第三场的"骑驴",都展现出独特的晋剧表演技巧。最难能可贵的就是"踩跷"的表演,整场演出所有的圆场、台步,甚至包括"椅子功",演员都是在踩跷的表演中完成。这是演员技巧和戏曲功力的有力体现,更是导演对戏曲艺术的创意和创新,让传统的绝活作为艺术遗产富有了现代的生命力。同时,在原著的基础上,增添了不少的武戏和打斗场面,来突出抗日战争主题和弘扬黄河儿女的民族气节,这是对中华民族抗日精神的弘扬,也是向观众展现晋剧表演的手段。

2. 舞美与科技的结合

晋剧《红高粱》充分利用了现代科技,大量使用 LED 和三维虚拟景象技术,灵活而又巧妙地再现了时代背景和环境特征,丰富了舞台的演出效果,增强了舞美对于剧中人物的塑造和思想内涵体现,并在烘托演出氛围,还原原著内容,将观众带入思绪等方面起到了重要的作用。晋剧《红高粱》的高科技舞美处理,在完好地保持和继承传统晋剧艺术本体特性的基础上,提升了现代舞台的科技表现力,为晋剧融入了创意的时尚气息,是现代影像科技和传统戏曲艺术的完美结合。特别值得一提的是,晋剧《红高粱》首次对晋剧主要伴奏乐器——晋胡的音律进行了改革,运用了晋剧乐器改革的成果,且在历史上第一次放开了男演员的声腔,解决了晋剧男女同腔同调的问题。

3. 人物和音乐的结合

晋剧《红高粱》为突出主要人物、展现原著情节设计了多种主题音乐。例如,剧中九儿的形象是青春靓丽、富有爱情浪漫主义色彩和反抗精神的,在剧中为了凸显角色,特意使用了山西经典民歌《桃花红,杏花白》。这是一种典型的主题创作方式。《桃花红,杏花白》作为山西民歌的代表作,在全国甚至全世界都具有渲染爱情代表性。在剧中《桃花红,杏花白》的调式是徵调式,这与晋剧的音乐调式相同,同时,山西民歌和山西晋剧在地域上和文化上的一致性也是它作为突出主题音乐的最佳选择。当音乐响起,使观众自然而然地将心绪和情感带入到山西这一方土地。余占鳌是剧中的男主角，他的性格特点是干练而又豪爽，俗中有细又略带痞的感觉，是反映剧中历史时期社会底层人物的代表。作曲家在创作时用到了祁太秧歌《看秧歌》作为他的主题音乐，是十分贴切余占鳌这一形象的。祁太秧歌是发源和流传于山西晋中一带的民间音乐，受到当地淳朴民风的影响，祁太秧歌具有极强的音乐塑造性。音乐创作人员抓住了这一特性，设计了余占鳌的主题音乐，这与余占鳌的形象极其相似。剧中另一个男主角刘罗汉的主题音乐源于晋剧经典曲牌《拣点花》，充分展示出刘罗汉作为传统正直人物的代表，不仅是九儿身边悉心照顾的大哥，更是抗日主题升华的重要人物。

可见，晋剧《红高粱》在人物主题音乐的选择和音调的处理上处处体现出民族性主题，以传统音乐为基础，以丰富的艺术创造和创意力量为推动，以体现人物典型形象和精神内涵为目的，打造了不同的主题音乐，呈现出每个人物的精神气质，展现出人物性格和特色。而演员的唱腔也是在这些不同的主题音乐上构建的，并随着剧情的推进和人物关系的变化不断发展。在剧中虽有个别高音的变化，但这并不是在曲解原曲的精神内涵，相反，正是山西不同音乐间的交流和碰撞，是对于音乐素材的再创意，也为今后山西地方音乐的传承和创新开辟的新道路，体现了本剧创作人员广阔的艺术视野和深刻的文化自信。

（二）山西说唱剧《解放》作品分析及创意

在《解放》之前，我国的戏剧门类中并无说唱剧这种艺术形式，在我国戏剧史上也从未登台表演。笔者认为，说唱剧是一种独创，可以视为学术创见，也可以视为艺术创举，是我国各门类戏剧表演形式的结合体现。

说唱剧《解放》开创了一种新的戏剧表演样式，巧妙地融合了说书、民歌、戏曲、舞蹈等艺术形式，最终定位为说唱剧。说唱剧的命名并不是空穴来风，只有通过这种表达才能使作为叙事的"说"和作为抒情的"唱"直观又生动的展现，几种艺术形式之间相互依存、互不干扰。以往的观点认为，多种舞台表演形式结合只能体现重点，兼顾其他，如若不然，不论是戏剧表现还是观众认知都会存在顾此失彼、难以突出重点的劣势。但是自从说唱剧《解放》于2009年9月3日在国家大剧院的横空出世，让人感受到各种艺术形式原本可以如此完美地结合，山西本土文化艺术元素和高科技手段表现得如此精妙，给观众带来了强烈的视觉冲击和艺术感染。2011年，《解放》获得"国家舞台艺术精品工程奖"。

说唱剧《解放》讲的是在新中国成立以前，一个发生在黄土高坡小村庄的故事。村中一对从小青梅竹马的年轻人亮亮和小小，自幼便生活在这个封建的村庄，生性执拗的小小在成年后非常反对裹脚这一陋习，亮亮对此并不在意，一如既往地爱着小小。为了早日迎娶意中人，亮亮踏上了走西口的道路。在日复一日对情郎的盼望中，小小也逐渐成熟了，在日常与人的交流中认识到，"三寸金莲"是传统，是所有女人必须面对的现实，自己一直抵制裹脚，在世人的眼光中是异类，是耻辱。为了自己心爱的人，为了他能够不被世人耻笑，小小不顾自己已经发育成熟的现实，强忍剧痛自己裹脚。亮亮在多年的打拼后，终于回村，迎娶自己的意中人小小，当他带着大大的绣花鞋回来时，迎接他的，是已经被裹脚折磨的难以正常站立的爱人。这个故事充分折射出存在了一千多年的封建陋习对中国妇女的束缚和残害，从旧社会到新中国，从裹脚到解放，在历史进程中艰难前行。

《解放》作为我国戏剧史上第一部说唱剧为什么能够一炮而红，获得巨大的成功，可能得益于其艺术创新，得益于精彩的舞蹈、令人回味的音乐、精美的舞台效果，加上独特的表现形式，而这些艺术形式的创新归根结底是主创人员对于戏剧的文化创意。

1. 形式

说唱剧《解放》的文化创意首先体现在戏剧形式上。戏剧指一种综合了语言、舞蹈、音乐、动作、木偶等形式达到叙事目的的综合性舞台表演艺术的总称，主要通过在舞台上以人物、舞台美术及灯光、舞台音乐和动作来表达出一个完整的故事。戏剧由多种多样的表演形式和方法，一般常见的有话剧、戏曲、歌剧、舞剧、音乐剧、木偶戏等，是由演员扮演角色在舞台上当众表演故事的一种综合艺术。而说唱剧《解放》的最大创意之处就是在结构和形式上融合了各种戏剧艺术，使各种戏剧门类艺术形式得以同台表现。这种表现不同于新时期的话剧、实景剧等艺术多维度表达方式，话剧和实景剧等虽然在近年来的作品中加入了别的戏剧门类，但只是在形式上的创意，本质不变。而说唱剧《解放》则是一种新的艺术样式，通过用说书的方式引出故事情节，用舞蹈的方式表现人物及场景，用民歌演唱的方式来升华内涵。

2. 题材

说唱剧《解放》的题材是遗存数千年的封建陋习——"裹脚"。此题材在以往的戏剧表现中是很难得以亮相的，但是本剧的创作人员将小脚这一难登大雅之堂的题材放大，用裹脚的畸形美讲述故事，对比了裹脚的痛苦和放脚的自由。剧中"脚"这一具体事物的解放，实则隐喻了人性的解放、妇女的解放、心灵的解放、思想的解放，体现出新中国的解放对束缚了广大人民群众几千年的封建残余的解放，继而折射出"妇女解放是人类解放的价值尺度，思想解放是社会进步的前提条件"这一宏大主题。用小脚对比解放，可谓以小见大、以小论大、以小搏大。

3. 说书人

说唱剧《解放》首先是"剧"，在"剧"的韵律中进行"说"的叙事。因此，《解放》用"剧中剧"的形式，用说书的方式讲述故事。在风格上，《解放》借鉴了山陕风格的陕北说书，运用了陕北田间地头的民间谚语和顺口溜，为说书人的讲述增色不少，例如在剧中说书人道："有孩子不愁养，有苗不愁长"，"老猫炕上睡，一辈传一辈"，"山高有盼头，路远有奔头"等，向观众展现了极具地方民俗和文化的语汇。剧中说书人这一角色分师徒二人，二者一问一答引出故事，话语方式质朴又深情。剧中每一不同戏剧样式都由说书串联。值得一提的是，在剧末的大段说书中，由说书人总结全剧：一丈二小布条，一江泪，千年血，束无数姐妹，华夏蹑足，黑手高悬霸主鞭；尺一大腰鼓，三山倒，万众欢，解倒悬生民，神州腾飞，敢教日月换新天！这一段不但点明中心，更是将说书由叙事转向抒情进而升华主题，点明本剧中心，让观众为之动容。整出戏也因为"说书人"的出现变得通俗易懂，雅俗共享。

4. 民歌

说唱剧《解放》中"唱"与"说"同是剧中重要的组成部分，由"说"及"唱"，由"唱"转"说"。在"唱"的方面，本剧充分使用了山西秧歌、山曲、小调和戏曲、曲艺等多种山西地方音乐元素，创作和改编出独唱、对唱、齐唱、合唱等多种音乐，朴实悠扬、生动激昂、节奏感十足。整剧

第三章　山西戏曲与歌舞文化的传承与创新

在音乐上由《看秧歌》《哥哥姐姐不大大》《女儿苦》《天足》《小小缠足》《姥姥打鬼》《走西口》《亮脚会》《姥姥哭》《天天想》《夜夜梦》《梦儿惊》《解放》等十余首歌曲及舞曲组成。这些歌曲和舞曲既推进剧情发展，又有力地展示了丰富的地方歌曲和戏曲资源的魅力。例如，《看秧歌》《樱桃好吃树难栽》《想亲亲》《桃花红，杏花白》《卖高低》等，都是人们耳熟能详的山西民歌，用地方音乐文化展现了人物的特点和情感。在剧中表现欢快与愉悦的气氛时，《看秧歌》音乐响起；《樱桃好吃树难栽》反映了人物的感叹；亮亮和小小的难以割舍之情用《想亲亲》表达；主题音乐的《桃花红，杏花白》重复出现，贯穿始末，在每一次剧情的转折和推进中都起到了渲染氛围的作用。这些风格迥异的民歌各有千秋，有的轻松活泼、有的风趣幽默、有的慷慨激昂、有的粗犷嘹亮、有的细腻深情、有的轻松明快，在展示山西丰富的民歌风格的基础上让全剧形成了一个集中的思想——用民歌叙述故事，连贯剧情，表现环境和人物变化，构建了创意而又崭新的戏剧陈述艺术。

上文介绍了山西民歌的改编和创新在剧中的体现，除此之外，为了更加精准的反映剧情，创作人员除了对山西民歌进行引用和改进，还特意为本剧量身创作了两首原创歌曲，其一是由女声独唱的《姥姥哭》，这是全剧唯一一首由剧中角色直接演唱的歌曲，歌曲运用了山西民歌音乐素材，原创歌词的表达与表演，非常准确地服务于剧情需要。其二是原创歌曲《女儿苦》，虽然不是由剧中人物演唱，但是采用了一种新的表达方式。在舞台上设置两个展位，由原生态民歌艺人进行"唱"的叙事，小小进行"舞"的表达，二者分别演出又高度统一，是一种完全不同于歌剧的表现手法。这种灵活的方式在同一时间增加了舞台的戏剧信息量，让欣赏优美歌曲的同时沉浸在舞蹈的美感中。

在民歌与剧情的关系上，创作人员更是积极寻找二者的合理契合，让民歌推进剧情，也让剧情展示民歌。实践证明，这种创作手法是成功的，不但塑造出生动的人物形象，更增强了本剧的艺术表现力和感染力。例如在开场，首先映入观众眼帘的是一段《小脚舞》，大幕缓缓上升、停顿，从幕后伸出一排整齐的小脚，音乐响起了本剧第一首民歌《看秧歌》，此时的剧情是在旧社会某农村，人们在看秧歌的时候亲眼目睹了一个大脚女孩在受到人们对她的冷嘲热讽后上吊自尽，突出了本段的主旨：裹脚是深入人心的，如若不是小脚，是难以嫁出门的。民歌和场景的配合将故事引入正题。剧中一段男女对唱《樱桃好吃树难栽》，此时的场景是小小与亮亮的两情相悦，二人深情起舞，完美地体现了歌词大意。主题音乐《桃花红，杏花白》，第一次出现在《小小缠足》这一段中，《桃花红，杏花白》本身旋律悠扬，但是在此处却略显无奈，凄凉而又伤感，此时剧中的小小正面对姥姥要为她缠足，内心无比的痛苦和无助。姥姥的表演在本段中非常出彩，她手拿红布条，在面对小小无助的表情时扭转头不能直视自己的亲孙女，这时的场景和音乐高度契合，观众也感同身受。《桃花红，杏花白》音乐的二次出现是在《小小再缠足》这段，剧中讲述了亮亮为了生活并早日迎娶意中人无奈走西口谋生，小小对情郎日思夜想，梦中相会。在梦中，小小臆想到亮亮实际是喜爱小脚的，对自己的期望实际是要缠足的。梦醒后，小小深以为然，并在自己不断成年后转变了自己的初衷，认为自己的大脚实际是丑的，是不为社会包容的，更是给亮亮抹黑的。她终日不悦，害怕情郎归来后嫌弃自己的大脚，于是不顾自身已经发育成熟强行裹脚。《桃花红，杏花白》这熟悉的旋律此时回荡在整个剧场，不同于第一次的忧伤情绪，这时的音乐在情节的推动下更令人心酸，让人落泪。台上的小小拿着鲜红的布条使劲裹着自己的大脚，姥姥泣不成声，观众也潸然泪下。在全剧最后点明主题《解放》时，《桃花红，杏花白》第三次响起，剧情到此时，离家三年的亮亮终于抱着大大的绣花鞋回来了，当他迫不及待地寻找到小小时，映入眼帘的是因为裹脚已经残废了的爱人，亮亮默默地背起了小小，在《桃花红，杏花白》的歌声中，缓缓走向远方。《桃花红，杏花白》的三次运用，无一不起到了推动情节，渲染观众情绪的重要作用。

综上所述，说唱剧《解放》的创作人员，特别是歌曲创作者真是独具匠心，为观众打造了与剧情浑然一体的音乐，给观众以多重的审美享受。

5. 戏曲

除了数量众多的山西民间歌曲，创作人员还在剧中融入了独具特色的山西戏曲元素。例如《天天想》就是具有蒲剧特色的唱段，另外还有又晋剧曲调发展而来的《惊儿梦》，将晋剧音乐传统的四大件和管弦乐结合，并使用了晋剧女声二重唱等艺术元素。充分融合本土多门类戏剧艺术精华，创造出具有独特韵味的地方戏剧样式新门类。

6. 舞蹈

说唱剧《解放》最大的亮点就是用舞蹈充实"说"与"唱"。全剧共18场，其中舞剧占9场，戏份高质量精，令人叹为观止。该剧对于舞蹈的创意体现在用丰富的肢体语言表述剧情，用结构的简洁明了展现场景，用舞美的精良制作吸引观众和用寓意的深刻哲理点明主题，在观众为之赞叹之余领悟思想解放的人间大爱。例如在《亮脚会》一段中，正值妙龄的少女们体态婀娜多姿，排坐树墩，这时媒婆们在轻快的小脚秧歌中登上舞台。媒婆用丰富的舞蹈动作体现出对少女小脚的考量，展现出严格的挑选小脚标准，在一系列的严格筛选后，媒婆们选出了最小最美的脚为好婆家说媒。接下来的一段是小小在梦中表演的《凤冠小脚舞》，用经过挑选后公认的美丽女子与小小的大脚对比，此时根据音乐的节拍，舞台上不停地展示美丽的小脚。小小为了亮亮的面子，也为了自己的爱情，不惜身体受到摧残裹脚，折射出人对社会的妥协。这些舞蹈的设计和编排都抓住了"脚"这一核心，为"脚"赋予了生命并体现出核心指向，反映出思想解放的各种阻力和困难。全剧舞蹈的高潮在《天足》这一幕，台上八十位女孩整齐划一，仰卧舞台，随着音乐的节拍，一百六十只脚整齐有序的舞动。它们时而呈扇面展开，时而紧闭，变幻出不同的整体姿态，给观众带来新颖震撼的艺术感受，让观众内心随着脚的舞动产生出即将喷薄的生命张力和震动，借此来表达脚的解放，思想的解放，生命的解放，解放带来的人间大爱。

舞蹈的成功离不开舞台的艺术表达，说唱剧《解放》与传统舞剧相比，一大创意就是突破了传统单一水平面的调度。其舞台调度形式多样，丰富多彩，拓展了观众的审美视野，为舞蹈呈现添加了色彩，同时也更加充实了舞台布局。例如在《亮脚会》这一段中，调度转换多维空间运用，体现为剧中待选女孩在舞台中央站位，媒婆们由中前台登场亮相，移动到舞台左前并开始移动，根据节拍从左前台至中台、右前台绕场一圈后回归中台。在挑选小脚时不断用对比、找寻、旋转各方式充实台面，在舞台上方悬空两名待选闺秀，使舞台显现出立体式的饱满，同时也将这一片段演绎的诙谐轻松、意味深长。

三、山西戏曲歌舞文化传承与创新的建议

（一）正确处理好戏曲歌舞文化创意的传统性、时代性和现代性关系

在山西戏曲歌舞文化创意产品的产生和发展过程中，在立足于自身传统的基础上积极吸收时代和现代化的养料，为其赋予了生存和发展的血液，但是在今后的戏曲歌舞文化创意产品中，要妥善处理好传统性、时代性和现代性这三者关系，是山西戏曲歌舞文化创意产品得以不断发展的前提。

在处理山西戏曲歌舞文化创意产品的时代性和现代性方面，要正确认识到其时代性的发展脉络。传统戏曲歌舞作品所反映的文化内涵到现代戏曲歌舞文化作品，都是随着时代的变迁和生产力变化产生的，是随着社会中文化功能的不断转型而出现的。在每一个历史时期，所包含的历史实践也有所不同，时代背景下的戏曲歌舞文化因素所发挥的作用也不断变化，戏曲与歌舞在不同的历史时期直接受到消费者审美观念及审美结构的影响，只有抓住消费者心理，生产创新创意的戏曲与歌舞产品，使戏曲歌舞文化创意产品符合时代精神，才能促进戏曲与歌舞文化的传承和发展。

戏曲与歌舞文化创意产品的现代性是指在融入现代文化及现代环境等因素后，可以在产品中反映出时代特点和文化特征的特性。现代性特征为山西戏曲歌舞文化创意产品赋予了不断的创新意识，但在进行文化创意的同时，更应注重传统民族地域文化的融合与传承。山西戏曲与歌舞历史悠久，所表现出的传统性与现代性存在一定的矛盾。只有处理好山西戏曲歌舞文化创意的现代性和戏曲歌舞文化的时代性二者间关系，才能更好地发展山西戏曲歌舞艺术。要把握时代发展脉络，顺应时代生产力和消费接受度，顺应时代变化需求有力地转接并传承过去、现在和未来，发挥现代性，才能促进山西戏曲歌舞文化创意的良性发展。

在处理山西戏曲歌舞文化创意产品的时代性和传统性方面，首先要充分认识戏曲歌舞艺术的传统性是建立在民族文化之上，是代表不同时代的艺术精神。戏曲歌舞艺术产品的时代性和传统性都具有时代精神，在这一点上二者是相通的。但是与戏曲歌舞艺术产品的时代性相比，传统性更讲究文化的传承，它是对以往不同历史时期艺术实践的总结，也在反映不同历史时期的生活态度。在过往生活态度的标准下，戏曲与歌舞艺术家编排

和演出了适合当时历史发展的产品。时代是流动着的历史，为了适应时代的变迁，戏曲与歌舞艺术产品也相应地做出改变，山西戏曲歌舞文化创意自身承载的时代性，就是根据不同历史时期消费者的审美观念的改变做出调整，来不断适应时代的变化。山西戏曲与歌舞文化创意时代性和传统性的融合是重中之重，需要在戏曲歌舞文化产品中传承传统的基础上打造时代精品，这样的戏剧艺术和产品才能充满生命力，实现可持续发展，这不仅是对戏曲与歌舞传统的延续，更是对戏曲与歌舞传统的突破。

在处理山西戏曲歌舞文化创意产品的现代性和传统性方面，首先要把握山西戏曲歌舞文化创意的现代元素和传统元素，理解二者在山西戏曲与歌舞发展史中的关系，这是深入研究山西戏曲与歌舞艺术发展规律的前提。山西戏曲歌舞文化创意的现代性是相对于传统性的概念，是当前时代问题的反映，同时也是时代精神的体现和时代要求的对应；而代表以往时代的思想因素就是传统性的体现，二者一个顺应时代，一个保持原有，但其都具有本身的价值取向。山西戏曲与歌舞承载着悠久的历史文化，吸收着传统文化中有价值的养分，在保持传统性的同时，它也不可避免地受到旧文化的影响，例如戏曲与歌舞中常出现的帝王将相、封建迷信。相对而言，山西戏曲与歌舞文化创意中的现代性为自身的发展提供了新理念，也带来更多的机遇。这就要求在山西戏曲歌舞文化创意的发展中既不能全盘否认传统性，又不能片面之追求现代性。如果忽视了二者相联系的价值取向，会导致戏曲歌舞文化创意中忽略传统和现代不同时空的内容，有可能对传统文化社会适应性进行夸大，也有可能对传统文化全盘斥拒，忽视了传统文化中具有恒久价值的因素，这些都是山西戏曲歌舞文化创意发展中需要注意的问题。要正确处理现代性和传统性之间的关系，认识到二者在山西戏曲歌舞文化创意中关联作用，如果缺乏现代参照，传统的发展自然失去了目标和方向，只有将二者有机融合，相辅相成，才能更加体现出存在的价值，在此基础上加入文化创意因素，才更有利于山西戏曲歌舞文化创意的发展和完善。

（二）深化国有剧团体制改革，激励创作和运营优秀作品

要持续推进深化国有戏剧艺术院团体制改革，以国有戏剧艺术院团在

长期的创作和表演中形成的强大号召力以及优良品质,通过改革来进一步激励创作优秀产品投入市场。山西省在现阶段戏剧艺术院团的国有体制改革取得了阶段性的成果,成立了山西省演艺公司并成功将山西省话剧院、山西省歌舞剧院、山西省京剧院等院团推向市场,在政府的有力扶持下目前已经运营了多年,并逐步将全额财政拨款转变为以市场为导向,以创作和演出为考核标准和收入来源的机制。各原国有戏剧艺术院团也在此环境下创作出不少品牌产品来占有市场。在下一阶段,需要更加贴近市场需求,不断创作和运营优秀戏剧产品,继续发挥现代性文化创意在文本的创作、舞台的设置以及人文情怀上的巨大作用。要坚持不懈地打造山西戏剧文化创意产品,并通过适当的政策倾斜来给予戏剧艺术院团资助或实行税收减免优惠。同时,要在戏剧艺术院团内部进行结构调整,明确责任和分工,形成戏剧艺术院团间创作、演出、管理、营销、财务等方面都相对独立的企业化管理模式。在薪酬方面实行工资奖金的量化考核发放,激发内部工作人员的积极性,搞活演出机制,进而繁荣戏剧市场。

(三)处理好创意和保护的关系

关于山西戏曲与歌舞文化的保护和创意一直存在着两种对立的观点。一种观点倾向于创意的积极意义,认为走创意路线是山西戏曲与歌舞现阶段的必经之路,对山西戏曲与歌舞非物质文化遗产的保护有着积极的意义,是重要的手段之一。通过传统戏曲与歌舞文化与创意的结合,可以进一步推进山西戏曲歌舞戏剧与山西文化,山西戏曲歌舞文化与经济的良性互动;另一种观点认为文化创意会对山西戏曲与歌舞文化带来负面影响,有可能对山西戏曲与歌舞非物质文化遗产的原真性形成损害,造成传统文化的过度娱乐化和庸俗化。虽然观点不同,但是随着近年来研究的深入,笔者在综合了大量调研以及研究的基础上认为,山西戏曲与歌舞的传承和创新是辩证统一的关系,进行适当的、科学合理的创意才能实现二者间的良性互动。

山西戏曲与歌舞所面临的发展"瓶颈"需要其拓展渠道和创新形式来获得更好的发展机会。作为传统艺术和非物质文化遗产,部分戏曲与歌舞艺术工作人员和学者强调"重保护、轻创新",就是要继承传统戏剧的作品、表演以及相关程式,对之加以保护和研究。笔者认为,对传统戏曲与歌舞文化的保护必须适应社会的发展，也就是在对传统戏曲与歌舞进行保护时不能忽视创意的作用，这是戏曲与歌舞文化得以不断发展的内在要求。就山西戏曲与歌舞的非物质文化遗产保护而言，可能还没有最优的方式来传承和保护，就需要不断发散思维、拓宽渠道，保护其不会消亡。在山西戏曲与歌舞文化创意中要坚持"原真性"，要在不改变戏曲与歌舞的文化本质下进行创意，也就是要紧密结合山西戏曲与歌舞的各个方面和因素，使之成为不可分割的整体，继而展现出山西戏曲与歌舞的独特魅力，避免对山西戏曲与歌舞创意化的误解和歪曲，在创意与传承之间寻找到一个适度的平衡点。

（四）借助新媒体发展山西戏曲与歌舞文化创意

当前山西戏曲与歌舞文化创意和新媒体不断结合，在内容和渠道上优势初现。例如在不同形式的戏曲与歌舞舞台表演上，不断加入新媒体技术，使舞台设计更加华丽、舞台表现更加完善。随着网络时代的来临，建立和整合山西戏曲与歌舞的综合资源网络平台，通过使用先进快捷的网络来不断丰富戏曲与歌舞信息的发布和大众交流的渠道。新媒体技术的发展极大地丰富了山西戏曲与歌舞在文本、影响乃至评论的多种载体，其与山西戏曲与歌舞的结合有着深刻的历史性、现实性和发展性。

新媒体与山西戏曲与歌舞文化创意原本分属不同的范畴。新媒体产生于现代，应用于社会，是在科技的不断发展下形成的媒介产物，是以数字化的信息描述为基础，以互动性和传播性为特点的科学技术；而戏曲与歌舞艺术则产生于古代，传承与现代，是综合性舞台表演艺术的总称，以"活态传承"和"根植民众"为根本基础，通过对戏曲与歌舞进行文化创意，使之相对于传统戏剧更容易被现代的消费者接受。两者之间的契合点就是消费者的接受，其社会联系和交汇影响是历史的必然和社会的需要。在现代社会，新媒体逐步成为消费者获取各类信息的主要渠道，戏曲与歌舞文化创意产品也不例外。这就意味着通过对传统戏曲与歌舞的文化创意，使之符合现阶段主要传播方式，符合现代观众的审美认同和渠道认同。这就为戏曲与歌舞文化创意产品和新媒体的结合提供了可能，新媒体也更有利于山西戏曲与歌舞文化创意产品的传播和发展。

山西戏曲与歌舞文化创意的现代传播，就需要以新媒体作为桥梁，以获取传统媒体难以达到的作用。例如在新媒体出现之前，消费者在观戏后，其交流渠道限制性大，仅能当面交流，即口口相传的传播方式其范围过于狭小；而新媒体出现后，观众间的交流可以通过微信、微博、论坛等新媒体平台，随时随地进行传播和讨论，这是对戏曲与歌舞文化创意的有力传播和为创作人员进行二次创意提供建议，拓展了戏曲与歌舞文化创意传播的时间和空间。同时，在传统媒体时代，人们获取戏曲与歌舞影像和戏曲与歌舞知识的渠道有限，大多是通过书籍、录影或者电视得来；新媒体的实现和发展，使更多的戏曲与歌舞消费者以及潜在消费者可以通过新媒体这一渠道来整体或者碎片化地获取信息，此时戏曲与歌舞的文化创意则更能吸引现代消费者的目光，使之有可能转化为戏曲与歌舞文化艺术的忠实消费群体。另外，对于戏曲与歌舞艺术的受众群体来说，其身份由单纯的戏曲与歌舞信息接收者转变为拥有戏曲与歌舞艺术自主权的传播和反馈者，可以通过自身戏曲与歌舞文化的积累来发表观点，新媒体转变了受众的戏曲与歌舞地位。除此之外，戏曲与歌舞的宣传、运营、门票销售等方面都可以依托新媒体的特性来降低成本，其流通的频率和及时的变化性都是传统媒体不可比拟的。

第四章 山西武术文化的传承与创新

传统武术是我国优秀传统文化的重要组成部分，有着独特的健身机理和浓郁的文化特色。山西作为华夏文明的发源地之一，其武术的发展在这片古老的土地上经历了数千年的岁月，形成了一个庞杂的文化系统，有着丰富的内涵和外延。

本章旨在梳理山西武术文化的历史发展，阐述山西武术文化的主要内容，探讨山西武术文化传承与创新的路径。

一、山西武术文化的历史发展及主要内容

山西具有历史悠久的武术文化底蕴，也是我国古老的武术之乡，太极拳、少林拳、形意拳、洪洞通背拳等闻名的拳种都与山西有着密不可分的联系。清朝末期，我国传统武术到达巅峰时期，从山西省走出了众多武术大家，如戴龙邦、李洛能等。在技击之术被武术大家推向巅峰的时候，在三晋大地的每一个角落几乎都可以找到习武之人的身影，时至今日，仍有很多人喜爱、习练山西武术。

（一）山西武术文化的历史发展

武术有着停止战争、止戈为武、维护和平的理念，武术的主要功能也随着时代而不断变化。古时因军事武器不发达，只能通过武艺抵御敌人的攻击，但现在练习武术更多是为了强身健体、增强体质、培养意志品质。作为古代先辈们生存技能的中国武术，随着中国历史文明的发展已经历了数千年的历史。历史的发展是有延续性的，也有一定规律可循。只有清晰把握武术历史发展脉络，认真分析当下武术的价值，才能准确把握武术未来的发展之路。

1. 远古时期

随着人类文明的出现，武术也开始萌芽。原始社会，为了生存，人类只能想办法战胜野兽，在这样残酷的斗争中，技击的技巧和武术意识初步形成，这也算是原始武术在生存竞争中的起源。在原始社会结束时，氏族社会开始之前，原始部落之间频频发生有组织的战斗，战争开始出现，加速了原始武术的形成，原始宗教，巫术和图腾崇拜的主要形式在原始武术中显现，与此同时武舞或叫战舞也在此阶段萌生。

2. 封建社会时期

夏商时期，频繁的战争促进了军事武术的巨大发展。在这段历史中，车战是攻城的主要方式，矛为重要长兵，使用最多的铜兵是戈，主要以钩割和啄刺御敌。在那段时期又因青铜的广泛使用，从而促进了射术的发展，后又有人将射术和礼乐结合成射礼，包含四种：大射、宾射、燕射、乡射，在当时是广泛开展的一项军事体育活动，除此之外导引养生也开始发展。封建社会，战争频繁发生，社会动荡，在山西大地上演无数次的悲壮战争，在烽火连城的战争中，军旅武术以及民间武术都有了长足的发展，涌现出无数武艺高强、赤胆忠心的英雄豪杰。

根据《中国武术史》[①]的记载，我们现在所知道的拳种流派一部分是在清代前就初步成形，但大多数是在清代形成体系。明清时期，晋商在对推动山西武术的发展发挥了一定的作用。这个时期官府对武术的管制较为严格，晋商为了要保护货物运输和流通的目的，积极为各类武馆作担保，这在客观上促进了山西武术的发展。与此同时，晋商也利用与政府的关系，将当时还不是主流文化的武术融入了上层社会之中。同时，晋商支持镖局的发展也在一定程度上刺激了更多百姓加入习武的队伍之中。

中国的祖先创造了灿烂的历史文明。儒家思想对先秦时期武术的深远影响体现在儒家"仁"的思想理念中，构成了武术伦理思想的核心。在此时期，武术活动与军事技能分开，开始向竞赛形式发展，在理论形式上，武术技击以及武道的理论开始萌芽，且武德的雏形也逐渐显现，初步形成了中国古代武术的基本理论体系。在清朝结束时，由于当时社会发展状况，

---

① 国家体委武术研究院编纂. 中国武术史 [M]. 北京：人民体育出版社，1997.

武术逐步衰落。

3. 新中国成立后

中华人民共和国成立后，随着社会的发展和进步，党和政府越来越重视武术，国家领导人对武术也给予了大量的关注，武术的重新发展看到了一线希望。毛泽东、邓小平、周恩来、刘少奇、贺龙等老一辈无产阶级革命家积极呼吁并倡导武术传承，他们对武术的继承和发展都作出了重要指示，将"武术"确立为国家体育项目之一，全面展开武术研究工作。从半殖民地半封建社会的背景中所孕育的武术运动，在当时仍存在宗派间门户之见、陈规陋习、落后的思想观念等弊端。

1950年，在北京召开了武术座谈会，纠正了在武术发展过程中的各种错误问题，确定了武术发展方向，其根本目的是为促进武术运动朝着正确的方向蓬勃发展。在1952年，国家将武术正式列入要推广的项目中去，这种做法保护了我国优秀的文化遗产。虽然在新中国成立之后，有一些高校开设了体育系，一些专科体育院校也开始上武术选修课与武术专修课程，但因为当时新中国刚刚成立，国家政权还不太稳定，所以导致学校武术教育的发展相对缓慢。1953年天津举行的全国民族形式表演及竞赛大会上，有145名武术选手参赛，竞技武术开始逐渐发展。在1955年，武术采取了"暂时收缩整顿"的政策，学校中武术的教学工作被迫无奈停止了，但是也不是完全的中断。1957年国家体委把武术列入了正式比赛项目，自此，武术发展更偏重于竞技武术。1959年，中国武术协会起草并实施了第一部《武术比赛规则》，逐步开展了竞技武术和传统武术比赛。1962年11月，国家体委运动司组织创建了一组长拳，刀，枪，剑，棍等武术比赛规则制度，竞赛类书籍占据了该阶段的主流，为山西武术的竞技发展提供了重要帮助。在国术组织方面，较著名的有1935年成立的太谷县国术馆和成立于20世纪30年代的山西国术促进会出版的《山西国术体育旬刊》。

4. 改革开放至今

民国至今，百年已然，武术在历史悠久的河流中蜿蜒曲折，十分艰难。在改革开放的初始阶段，体育界又开始重视民族传统体育项目的研究发展。随着时间推移，以增强体魄，强身健体为主要目的的技艺是其外在的主导形式，使其长盛不衰的内在原因是道德至上的思想观念，舍小家为大家的行为理念。武术已经发展成为一种独特的文化体系，从刚开始人们为了防身自卫，到后来成为军事技能的重要一员，到现代强身健体的体育项目，武术在每个阶段都释放着优秀的传统理念，也影响了山西的习武者们，被武德和武术精神所影响。

历史是前人的实践和智慧之书。今天的武术是从昨天发展而来的，今天遇到的许多事情都可以在历史中找到影子，武术也经历了整个中华文明的不同发展阶段。这一路跌跌撞撞，在众多武术前辈的呵护中，中国武术不断调整与转型，最终凝聚成现在独特的体育项目。回顾武术的历史来看，社会作为各个场域的"元场域"，促进了不同时期武术文化生产场域的变革，对武术的发展产生影响。从武术不同的发展历史阶段来看，每个阶段对武术的态度并不是一成不变的，武术的功能同样也有转变——"以武犯禁"和"御贼备战"的作用正在消失，适合竞争、健身和娱乐的现代武术开始出现。

（二）山西传统武术文化的主要内容

1. 形意拳的历史衍化

（1）身体练习内容的生产

社会上有很多关于形意拳历史源流的分析，但是通过参考大量文献，发现大家更认可形意拳最初的创始人是明末清初的姬际可，当时称为"心意六合拳"。而现行流传的形意拳为道光年间李洛能在心意拳的基础上进行再生产改编而成，后世尊李洛能为形意拳祖师。其内容的生产也离不开"二元选择性"，即并不是一人所创建的，而是经过几代师徒的传承，结合自身的领悟，创编出来的。

姬际可在经过少林寺、洛阳等地游历之后，才将心意拳创编出来，后来又将此拳传给了曹继武、马学礼二人。戴龙邦习得此拳是因为在经商的时候遇到了马学礼的徒弟，被他所练习的拳术所吸引了，所以聘请来家里教拳，于是拳术便传给了戴龙邦。

而形意拳的来源是相传出于对武术的热爱与追求，对传奇镖师戴龙邦的仰慕，李洛能在34岁的时候变卖了所有的家产，不远万里来到了山西祁县找到了戴家，多次请求拜师却总是遭到拒绝，所以就在戴家附近种菜卖菜为生，希望可以用自己赤诚之心打动戴龙邦从而可以收他为徒。最后，戴龙邦被其打动，并为其打破了"拳不外传"的家训，正式收为入室弟子，将改编的心意六合拳传授给他。

李洛能随戴龙邦先生练习了十余年后回乡潜心研习，将心意六合拳进一步发展，创造出现在中国四大拳种之一的形意拳。形意拳虽说是从心意六合拳演化而来，但不论是从创编的时间还是技术内容方面都和原先的心意拳有所不同，因此，形意拳是不同于心意六合拳的新拳种。它的基本内容为三体式的桩功、五行拳和十二形拳。三体式是形意拳独有的基本功和训练方式，有"万法源于三体式"的称号。五行拳则是结合了金、木、水、火、土的"五行"思想；十二形拳是结合效仿了十二种动物的动作特征而创编的实战技法。

形意拳在山西较好的发展还得益于当时晋商的繁荣，晋商的发展也是形意拳发展的关键性因素。为保证货物和资金的安全，镖师这一职业应运而生，这为形意拳的起源打下基础。因为形意拳注重内在劲力和实用的因素，使其成为晋商保家护院、保护货物资金的必要手段，形意拳也随晋商的发展传到了各个地方。

（2）拳法特点的再生产

李洛能根据姬际可最初的创拳思想，对形意拳的拳理特点进行了再生产。他认为，心为人身体内部的心理作用，是人意识的内在表现，但是身体所做出的动作则是人意识的外在表现形式，内外是相互影响的。他还提出了"炼精化气，炼气化神，炼神还虚"的新内功心法。除此之外，李洛能改侧身弓箭步为现在的三体式，使身法更为灵活。形意拳中的十二形是结合十二种动物的动作特点进行象形化生产，模仿动物的动作特点编排而成。在十二形中，由戴龙邦先生传下的有十大形，即龙、虎、猴、马、鸡、燕、鹞、蛇、鹰、熊，后来形意拳鼻祖李洛能又添加了䰾和鼍形，使形意拳的技击之法更趋于全面。现在形意拳的动作特点为简洁朴实，节奏鲜明，动作严密紧凑，快速完整。

2011年5月23日，形意拳经国务院批准被列入第三批国家级非物质文化遗产名录。

2. 山西其他优秀拳种文化生产

除形意拳之外,山西因其得天独厚的文化条件还生产了许多优秀的拳种,比如鞭杆、傅山拳和洪洞通背拳这些比较出名,推广较好的优秀拳种。

晋北鞭杆:鞭杆主要流传于晋北民间的一个传统拳种。古代雁门一带地处山区,盛产煤炭,当地人为了生活,所以用就用炭和当地特产与外地交换来其他的生活用品。而在当时的条件下只能用毛驴当长途的运输工具,所以就有很多人一起结伴赶毛驴进行运输,在西北口来去。由于路途遥远、运输方式不便利,还经常出现强盗半路拦截抢夺物资,他们为了自卫保护资产,只好在空闲时间练习武术,可是却发现在出去物资交换中,带着刀、枪这些武器很不方便,而赶毛驴的鞭杆便于携带,经过长期演变和武者的再加工,鞭杆中的不同套路由此生产出来。鞭杆短小精干、便于携带的特点,既可发挥短兵的长处,又可单手握鞭击向远处,扩大了攻击范围,也形成了鞭杆的演练特点——在身体和四肢各处缠滚穿梭、上下翻飞,声东击西。

傅山拳:创始人傅青杰,名山,是明末、清初著名的思想家、画家和爱国志士,同时他还武技高超。清顺治年间,他让傅眉到天空寺给主持道成法师演练五禽戏,并传授给了当地的名士吴成光,接着又将此传授给寺中的僧人。后来两父子隐居的时候,又被何世基请到了义塾教武,从而遗留下了傅山拳。傅山拳的动作名称虽然和太极拳的很相似,但是又别于太极拳。至此傅山留下的拳法,成为一个流派。更为出名的是他的武功与他的绘画结合在一起,他喜欢在喝醉时练拳,可以进入一种忘我、神游的境地,然后又将这种感悟,附着于绘画作品之中。所以他的画风有一种肃杀之气和灵动飞扬的感觉,而他的拳法又具有了一种醉态。酒、画和武术,在他身上融为一体,形成一种独特的风格。其演练风格在现代和古代武术中,都有先例可循,"醉拳""醉剑"就是极重要的武术套路。

洪洞通背拳:也称通背缠拳,是一套系统的传统拳种,包含了内家和外家拳的优势,分为母拳和子拳,还有各种器械套路、对练套路,共四大类。演练时要求动作舒展大方,内气外势相互贯通,意念要专一,不能浮躁,身手要灵活敏捷,劲力得当,每一个动作路线都要很清晰,节奏要不快不慢。乾隆时期的郭永福为主要传承人,在大槐树移民时,由广济寺的陈卜大师带至河南,后来又由郭永福将其带回老家。通背缠拳是经过了数代人以及很多武林拳师的钻研创编后，才达到现在的程度。通背缠拳从传承到发展已有将近200年的历史了，经过不断的发展，现在已经具备了多套缠手套路和器械套路。2011年6月10日，洪洞县申报的通背缠拳被收录于第三批国家级非物质文化遗产名录。

二、山西武术文化传承与创新的路径

（一）山西武术文化传承与创新现状

1. 尚武趋势下山西武术的现代化生产

新中国成立后，党和政府把体育作为重要教育内容做出了一系列的指示和决定。有关武术教育方面的内容，在1956年颁布的《中、小学体育教学大纲》就有说明，此乃全国第一部全国通用的大纲。[1] 中宣部和教育部在2004年联合印发了《中小学开展弘扬和培育民族精神实施纲要》，主要内容是力求中小学在进行教育过程中将民族精神渗透其中，从基础教育开始就将民族精神贯穿教育的始终，以此来丰富学生的民族精神建设，例如在体育教学过程要适量增加中华武术等传统项目内容，此外，组织举办有关武术传统项目的表演活动等。教育部、国家体育总局为传承、发扬中华民族传统文化，丰富创新中小学生的体育活动内容，共同创编了《全国中小学生系列武术健身操》，决定自2010年9月1日起在全国普通中小学校、中等职业学校中推广武术健身操。

山西省体育局、武术协会等部门为推动武术的传承与发展，也多次组织学习、培训、竞赛等活动，如开展武术进校园的师资培训活动。2018年9月、10月山西省武术中心落实省体育局"精准扶贫"工作要求，响应"武术进校园"的号召，对太德小学开展了定点教学。各个学校也积极配合，将武术融入体育教学过程中或认真开展武术健身操学习工作。而太谷形意拳这一优秀拳种在这里真正得到体现。太谷作为武术之乡，在县政府的大力支持下，连续举办了两届国际形意拳交流大会，打造了太谷县形意品牌，推动和普及了形意拳的发展。

山西省教育部门于2009年对全县中小学体育教师进行传统项目的培

---

[1] 国家体委武术研究院编纂. 中国武术史[M]. 北京：人民体育出版社，1997：237.

训，体现教育部门遗产传承与发展的高度重视。最值得注意的是太谷形意拳的实施与推广，首先在2010年形意拳真正走进太谷课堂，成为中小学生体育课上的必修课，在课间操与体育活动时间也大力开展此项目。2011年，形意拳又走进山西农业大学信息学院的课堂，成为大学生的必修课程。由此可见，太谷县内的大、中、小学体育教育都有形意拳的身影。除了武术进入校园的开展，山西近年来建立了许多武术学校、武馆，为武术教育工作培养了许多专业的武术人才，推动了山西武术的教育发展。

2. 山西武术的竞技化生产

1959年颁布了第一个《武术竞赛规则》，并将武术列入第一届全国运动会竞赛项目，此时近代武术竞技化更为规范。在这种形势下，山西武术队正式成立。随着武术套路规则的不断修订，以及比赛举办、宣传、规则制度的逐渐完善，中国武术摒弃了以表演作为评定标准，进入了竞技化生产。

1959年的《武术竞赛规则》中主要项目只有四个单项，到现如今竞赛监督委员会的成立，对动作规格、演练水平的重新要求，评分标准更加严格，将裁判分为三个裁判组进行评分等，都是武术竞技化生产的一部分。竞赛规则的不同，要求运动员的训练和教练员的训练方法。都要有所改变以适应新的竞赛环境，取得优异的成绩。山西武术队发展鼎盛的时期是2005年前后，但是由于运动员教练员的更替和《武术竞赛规则》的再次修订，给山西武术队产生了不利的影响。虽然武术这一项目没有进入奥运会，但是通过浏览国家体育总局武术运动管理中心的官方网站，发现我国近年来在国内举办了许多比赛，以及国际比赛。如2018年大型赛事有57项，其中国际赛事就占14项，同年龄段的如儿童、青少年、成人等均可参加。除专业代表队参加的武术比赛之外，还有许多国内外的交流活动、培训活动等，为山西武术的发展也带来了机会。

山西省也举办许多比赛，推动了山西社会武术的竞技化生产。如山西省武术锦标赛、山西省大中学生武术锦标赛，在比赛中可以看到多所高校都参与其中，这也反映了山西省武术进校园工作的开展情况较好、全国武术运动大会山西传统项目选拔赛以及更地市的武术锦标赛等，社会武术组织也积极参加。在临汾市武术锦标赛中，有太极拳协会、形意拳协会、临汾各县市的武馆、武校，还有学校代表队。众所周知，山西形意拳发展较出色，为此组建了山西形意拳协会，协会在形意拳的推广与发展方面也贡献了很多力量，例如多次组织形意拳的精英邀请赛、举办全国范围乃至世界范围的形意拳以及传统武术比赛。

3. 山西武术的社会化生产

（1）山西武术的社会资本

这里的社会资本指武术文化生产中所具备的一切社会资源的总和，它包括像国家体育总局的武术管理中心和各省的武术管理中心，以及武术学校、民间社会组织提供的社会声誉、社会地位以及可用的社会资源。2018年12月21日国务院办公厅印发了《关于加快发展体育竞赛表演业的指导意见》（以下简称《意见》）。《意见》指出：体育竞赛表演业的发展对于挖掘和释放消费潜力，维护和改善民生，经济增长创造新的动力具有重要意义。其中，武术这一项目也在其列。

此外，还有以下几个方面：首先，性格爽快、热情活泼、好动、热爱武术的山西人为武术的发展提供了有利的社会因素；其次，在20世纪80年代初期，《少林寺》《杨家将》等影视作品的问世也在武术的推广中发挥了重要的作用。全国上下的习武热情持续升温，有无数年轻人选择武术学校练习武术，借此为武术的发展提供了社会温床，在一定程度上促进了武校的发展。又因山西武术历史悠久，生产了许多优秀拳种吸引热爱武术的人来山西拜师学习。最后，现如今国家机构对武术赛事的举办，武术人才的培养，运动员水平的提升都是武术文化生产中重要的社会资本。

（2）山西武术的产业与消费

经济的发展是最有效的发展形式，是其他资本的来源，必须具备一定经济资本的前提下才可以将各种资本进行相互的转换。经济资本可以更轻易、更有效地转化为社会资本或文化资本，且生产与消费的联系分不开的。

除生产总值之外，武术文化生产经济资本与武术社会化、武术产业化分不开。在当前背景下，武术产业市场的发展前景已经形成，武术健身娱乐产业、武术竞赛表演、武术旅游以及武术用品等，产业类型居多，形式多样，涵盖内容广泛。在市场经济的引领下，武术产业会必将会带来可观的经济效益。人民群众生活水平提高的同时越来越注重自身文化的提升与培养，文化产业占GDP比重是越来越多的，文化产业的比重增加，这也是武术文化产业发展的支撑条件。

当前山西文化产业的发展正是一个不断深化改革的过程。山西武术产业不仅仅是武校、武术用品等基本产业，在山西众多的旅游资源里，与武术有不解之缘的旅游胜地也非常之多，例如大同的悬空寺。中华武术自古就与佛道有着千丝万缕的联系，因此，武术与寺庙结合，吸引着来自全国各地以及全世界的游客朝拜寺院，成为山西发展武术旅游的优势所在。山西另一个标志就是晋商，晋商文化以及因晋商而衍生的镖局又是山西武术旅游的一大亮点等。因此，山西武术产业发展前景十分可观。

武术向世人展现了中国文化的特殊魅力，所以我们更应该关注武术，促进武术产业的发展，提高社会认同度，使其成为各国人民喜闻乐见的文化形式。

（3）山西武术的健身性生产

武术这项运动十分符合国家对全民健身的号召，不同年龄段都可以参加，并在其多种多样的拳种中挑选出自己喜欢的，为武术提供了良好的发展环境，这也充分体现了文化载体的群体规模对文化的发展推广的积极作用。

山西省武术健身活动主要采取武术爱好者自发组织、自己管理为主的组织形式。在社会成员、各单位以及协会组织的武术活动中，各武术协会进行组织，健身辅导站主要负责培训、比赛、表演以及平常的锻炼活动。由于武术项目的特殊性决定了武术健身必须先进行学习，因此，武术协会以及武术组织就成为武术健身的中坚力量。

各武术组织对武术健身活动的推广作用已然相当显著，尽管各协会以及武术组织在武术健身活动中的作用还有待进一步开发。在近些年来，武术协会以各省、市、县为网络的武术社团与由民间自发组成的武术团体形成了相对独立的组织系统，并且取得了较为迅速的发展。

2. 武者风范——山西武术的符号生产

历史名人算是一座城市名片中符号的一种，不仅仅起着装饰门面的作用，还通过利用名人效应向大众展示这个城市的文化和环境优势，增强城市的文化软实力。它代表了一座城市在市场中的竞争力。

由于山西的地理环境，导致许多朝代都在此建都或将山西作为重要的发展地区，又因古时战争较多，所以在山西这块富含璀璨文化的大地上，涌现了许多武术名师大将。众所周知，家喻户晓的杨家将的诸多故事已经在中华传统戏曲及教科书中大量传唱，可谓是耳熟能详。除去动人事迹外，那种忠勇的习武精神延续至今，并且由于戏曲的传唱，杨家将的忠勇精神在潜意默化中注入到武者身上，渐渐成为人们对武者的要求以及武者们对自己的终极追求。还有明朝王宗岳编著的《太极拳论》，被视为太极拳的经典理论，为各个太极拳门派所尊崇，可见其地位之重要。

除此之外，山西省通过严格的选拔，慎重的选择，出现了许多专业和文化都具备的武术运动员，他们在退役后发挥余热，担任教练或者在高校任职，像张希贵老先生这样的优秀拳师和袁新东、原文庆等优秀的武术教练员。现在沿袭挑选武术人才的标准，又培养了袁晓超、崔碧辉、赵诗等优秀运动员。他们作为当代名人，具有一定的社会影响力，对山西武术的发展起着很大作用，也可视为武术文化生产场域下的一种符号资本。

3. 融媒体时代武术的大众化生产

主要表现为电视媒体的融合发展。一方面是新中国成立后中国先后出现了大量以武术为主题的影视剧，这也是武术文化生产的一种表现形式。例如，《霍元甲》《少林寺》《李小龙》等影视作品的广泛流传，非常受欢迎。人们现在对武术的认知大部分都源于影视作品或者平时在大型节日或重要日子都会看到武术表演，而被吸引从而产生兴趣。它不仅掀起了国民习武的热情，也博得了全世界对武术文化的青睐，举世瞩目，吸引了众多武术爱好者来中国学习武术。通过大众传媒对武术文化的传播，许多外国武术爱好者和武术文化研究人员纷纷前来，相互交流、探讨，"中国功夫"也再次掀起了世界体育文化的浪潮。随着技术的不断进步，在网络媒体快速发展的大趋势下，因其传输速度快，通信领域广，兼容广播电视媒体以及普通的书籍和期刊的传播方式的优势，为武术文化的传播和发展中发挥了重要作用。

另一方面是各类拳种的协会、民间武术组织等。虽然武术还未进入奥运会，但是每年都会举办许多武术赛事，山西武术队也参加了比赛，不仅如此，山西也承办过许多大型武术比赛，利用媒体可以向大众展示山西武术的风采。其中具有广泛影响力的武术社团乃是全国目前成立较早，规模较大的两个单项拳种协会——形意拳协会和杨氏太极拳协会，这两个协会最为代表性，而且是在省内会员众多，为武术的传播发挥了重要作用。

（二）山西武术文化传承与创新的路径

1. 整合文化资源，正确认识武术的迫切需要

人们对武术的正确认知是影响武术发展的重要原因。从对武术发展的历史变迁中我们也可看出，可能"技击"这一特征在历史长河中的某一阶段是武术的主要功能，但是，这并不意味着某一段历史的主要功能就能够作为武术的本质。随着社会的变迁，武术的技击作用被逐渐削弱，武术更趋向于表演化、健身化，逐渐成为一个体育项目。这些外在表现的虽然不断变化，但武术的内涵和精神已经内化成了习武者的文化惯习、思想惯习。经过长期以来的专业学习，武德已经深入人心，对习武者的生活、人生观、世界观都有深刻影响。

武术也不是一成不变的，要在传承的基础上顺应时代作出改变。要挖掘和整理武术遗产，通过各种资料整合，建立资源库保存，进行资源共享，向大众普及正确的武术知识，尤其是对作为祖国未来的青少年，让人们重新认识武术，认清武术的本质。这需要国家以及习武之人的共同努力，可以通过举行武术讲座，武术博览会等方式进行武术普及。整个社会文化基准线的提升帮助我们进行武术文化正能量的传播，使大众不会被武术传播过程中的负面形象所影响，还可以结合高等院校、科研机构、社会团体等方面的专家建立一支专业的非物质文化遗产保护队伍，充分发挥专家在武术的保护与传承工作中的重要作用，并且与民间组织长期保持联系，可以更多更好地了解山西武术的发展动态。

2. 满足人们消费需求，促进武术产业全面发展

马克思指出，虽然生产和消费是两个主要方面，但消费和生产具有一定的同一性，并相互作为媒介、相互依存、相互发展以及相互创造。生产决定消费，反之消费又反作用于生产，促进了经济增长的同时促进生产发展。在人类的生存和发展中，文化生产生活与物质生产生活是一样的，也就是说，在创造社会和文化文明的过程中和对文化文明成果的拥有，生产和消费是不可分割的两个方面。现阶段，在经济形势蓬勃发展的同时，通过对经济资本和符号资本的利用，从而达到发展武术文化产业的目的，并且武术相

关产业中存在许多潜在的消费者。

首先，随着煤炭经济的日益衰落，山西省开始重视发展轻工业和第三产业，这就为山西武术的文化制造产业提供了机遇。因此，要有效增强个人的消费能力的同时，对山西的武术文化产业进行准确的定位，注重山西武术文化产业的包装和推广，使武术文化消费成为当代的一种消费时尚，从而带动山西武术产业的消费增长，推动武术文化消费市场的发展。作为支柱产业的旅游业开始涉足武术相关产业，并推出了特色旅游项目来拓宽市场。借助平遥古城、乔家大院的招牌开展武术文化展之类的节目达到宣传和开发山西武术文化，这将势必带来更大的经济创收。山西有数不胜数的民间艺术，他们具有浓厚的地方特色，可以与武术相结合，并通过武术的招牌推广到全国乃至全世界。

其次，由于武术的魅力，一些大型节日都会进行武术表演，以丰富整个节目的内容，增强现场的气氛，同样，电视台创作的一些武术专栏也吸引了一些观众。现代媒体的发展使武术的巨大魅力在更广阔的舞台上得以展现，当前的电视和网络媒体也为武术展示提供了平台,通过各种媒体渠道，传播武术文化知识和武术文化的精神内涵，这种传播模式让世界了解武术不再困难。所以，武术节目的编排必须要吸引观众才会有生命力，从而才有广告、赞助商的赞助、电视转播权和其他收入。

3. 结合政府支持，增强武术发展的内源动力

事物的发展除了自身的因素，必然离不开国家政府的支持，有了政策的保障，武术才能得到更好的发展。武术文化扎根在中国优秀传统文化的沃土之中，是中国传统文化宝库中的璀璨瑰宝。近几年来，国家从各个方面都颁布了许多政策，推动、推广武术的发展。

（1）政府层面

政府近几年来出台了越来越多的武术相关政策有助于武术的发展，通过国家大力支持推广武术主题相关内容，使中国的武术走上了一个新的台阶。为了充分发挥国家武术实施全民健身的战略，推进健康中国建设的重要作用，推动武术事业全面协调发展，国家出台了《中国武术发展五年计划（2016—2020）》，指出：随着全民健身时代的来临和"健康中国2030"计划的实施，武术产业化将会获得巨大的发展空间。依托国家的政

策支持，促进体育产业和文化产业的发展，武术产业也迎来了新的发展机遇。通过进一步实施法律保障、政策导向、精品赛事打造等战略，寻求武术产业发展的突破口，全方面地提升武术产业化的质量，支持武术产业，加快体育竞赛的发展。此外，全民健身也是全国武术推广的平台，从社区武术健身表演队到拳种组织协会，他们在各级武术协会的指导和组织下大力发展，是未来武术发展的重要力量，政府要大力支持各协会组织的开展活动。与此同时，要大力开展文化交流，要有针对性的宣传。

（2）教育层面

一方面是对学校中武术发展的政策保障。"全国学校体育武术项目联盟"的建立，"中小学开展弘扬和培育民族精神实施纲要"，推广和实施"全国中小学武术健身操"等对学校武术发展有所帮助。将武术与生活相结合，激发学生们的学习兴趣，在增强体质的同时还可以培养学生吃苦耐劳、坚忍不拔的精神。除此之外，还可以根据不同类型的人群将传统套路在传承的基础上改编成独具特色的武术套路，既可以发扬传承，也可以丰富教学内容，比如二十四式简化太极拳就极大地方便大众学习。另一方面，培养高质量的武术人才，对专业的民族传统体育系学生或者专业运动员开设多样化的课程，重视文化知识的获取，让其不仅可以学习武术相关内容，有利于社会资本的提升。也能接触其他知识，增加本专业学生的就业机会，还可以对未来武术发展有很大帮助。

（3）社会层面

可以借鉴体育特色小镇的构建模式——平遥古城、王家大院等成功经验，打造武术旅游相结合的市场，建立具有特色的武术产业文化，借助晋商旅游庞大的市场，运用现代营销理念，面向市场需求，在对拳种保护与发展的基础上又可以推动经济增长。随着国家政府的政策保障和支持，武术的发展会越来越好。要规范武术赛事，促进武术入校园顺利实施，各武术协会、民间体育组织要经常交流，反思自己的不足与借鉴成功经验。要对武术相关周边产业大力开发，探索国际武术文化交流，逐步走向国际市场。

4. 充分利用新媒体平台，实现信息多元传播渠道

新媒体的发展极大地丰富了其内涵和形式，为公众提供了获取武术文化信息的各种渠道。与传统媒体相比，网络上的宣传方法有其自身的优势，

可以取得更好的效果。互联网的宣传方式灵活，可以互动，时间长，所以影响更大。在利用自媒体进行武术传播时，武术传播者与接受者的角色可以相互转化，传播与接收武术信息几乎可以同时完成，当公众成为武术传播者时，它也可能成为下一个传播过程中的受众。

　　第一，新媒体的出现向人们展示了更广泛的武术文化，因此我们可以从大众媒体的从业者、广大受众者和习武者这三方面进行媒介传播的路径重构，使中国武术在大众面前展现的是正面形象，是中国武术可持续发展的重要保证。首先，大众传媒的从业者应坚持自己的职业道德，并努力提升责任感和培养良好的道德标准，仔细甄选媒体中有关"武术暴力"的相关内容，并自觉承担起传播具有中国武术核心价值观文化的责任。其次，对广大人民群众而言，如何提高对中国武术文化的正确认识，要用理性的心态对待部分大众媒介中存在的"武术暴力"现象，而不是报以错误的好奇心、求异的心态去传播错误理念，从而导致中国武术成为低俗的大众消费品。最后，习武者的自身素养应进一步提高，对于大多数习武者来说，他们是中国武术的主体和中国武术的代言人，其言行是中国武术形象的最佳体现。

　　第二，相关部门要加强官方网站的管理，正确利用媒介传播，加强互联网宣传与监管，发布武术相关咨询，方便大众查看。在互联网上推广武术教学或武术事迹，弘扬中国武术精神。能够让大众甚至世界清楚地了解中国武术，了解中国武术的精髓和潜在的意识形态，增强人们的坚持不懈精神品质，增强民族的凝聚力；还可以通过强调偶像的重要性，从而可以更好地组织爱好者和群众，达到满足公众对武术的需求，使武术更好地发展。这不单有利于中国武术在国家和世界的发展，还有利于中国武术电影发展以及武术文化产业发展。

第五章 山西民间传统工艺及民俗文化的传承与创新

无论是民俗学术领域研究,还是国内外文化发展总形势的要求,民俗文化的保护与传承已经在全国上下形成了广泛的共识,特别是在国际文化竞争软实力日趋激烈和"申遗"热的今天,对民俗文化的传承与创新越发受到中央和各地方政府的重视。山西省民俗文化资源内容丰富、历史厚重,是山西文化中的璀璨明珠。

按照传统的对民俗文化的四分法,可以分成物质民俗、社会民俗、精神民俗、语言民俗。山西在每一类型中都有独特精彩的民俗资源,如物质民俗中有几代晋商创造的五百年的商业文化,有体现三晋建筑文化的晋商大院,有享誉全球的面食文化;在社会民俗中有独特的节日习俗,有怀仁的"旺火"、朔州的"架子火"、晋中的社火;在民间工艺中有民间刺绣、山西剪纸、民间"面花";在语言民俗中有晋西北的"山曲"、太行山的"开花调"、忻州一带的"卷席片"、和顺的"凤台小戏"等;有入选国家级非物质文化遗产的河曲民歌、左权"开花调"、雁北"耍孩儿"、孝义"碗碗腔"和万荣笑话等。这些都生动地反映出勤劳、智慧的山西人民在黄土高原上进行劳动、生产、生活的真实情景,也是最有特色的地方文化的代表,是值得我们深入研究的民俗文化资源。

本章选取山西剪纸艺术、面塑艺术、牵绣和面食文化来探讨山西民间传统工艺及民俗文化的传承与创新。

一、山西剪纸艺术的传承与创新

山西剪纸是我国传统民间艺术中一颗耀眼的明珠,它在继承了中国传统剪纸的特点上,又融入了自己独有的艺术表现形式。山西剪纸在选题内容以及外观造型上均表现出变化多端的特色,是我国传统剪纸艺术中的瑰宝。

(一)山西剪纸概述

山西剪纸是中国传统剪纸的代表之一,其独一无二的表现方式,灵巧俊秀的艺术特质,于造型特征上凸显出独特的乖巧和逼真;其刀功非常精细,无独有偶的上色技巧亦表现出别样的韵味。目前,《人类非物质文化遗产代表名录》中也将很多山西地区的剪纸纳入了保护的内容之中,比如大同的广灵剪纸、吕梁的中阳剪纸、运城的新绛剪纸等。作为中国传统的并且珍贵的非物质文化遗产——山西剪纸在当今社会有很多各种各样的延续和革新,例如设计者将山西剪纸的独特韵味与现代视觉传达设计相互融合,从而给视觉传达设计增添了焕然一新的艺术风格。

1. 山西剪纸的发展历程

三晋剪纸历史久远,源于前人的祈神祭祖的艺术形式,已有两千年的时间,是中国汉族最古老的传统艺术之一。据史料记载,在唐代初期,山西剪纸的技艺逐渐发展成熟,而且逐步走向更高的技艺程度,最终形成于明朝。由于山西地理位置的特殊性,西、南两面被黄河环绕,北至古长城,东依太行山,地势较险峻,也就形成了山西内向、封闭的地域文化。山西剪纸是成长在黄土高原之上,吃着粗粮、住着窑洞、喝着黄河水的山西人民创作出来的,具有极其深厚的文化底蕴。依靠着黄河的哺育、性格独特的三晋人民,其豪迈粗犷以及憨厚质朴的底蕴和性格,创造出非常宝贵的、具有鲜明地域特征的传统民俗,其内容大都反映勤劳人民的日常习俗,充满着浓厚的乡土风韵和审美特征。山西剪纸与世代的传统民俗有着紧密的关联,是百姓自己的文化。像山西剪纸这样的民间艺术表现手法,扎根于古老传统文化的民俗传承,并逐渐与人们的日常生活融为一体。

山西地区的人民一到逢年过节、婚丧嫁娶、贺寿迁址均会在窗户、灯罩、喜品和饰物上用具吉祥意味的剪纸来装点,从而增添了吉庆祥和的美好意味。三晋地区传统的戏曲种类丰富，有大量的传说和神话，寓意深远的经典小说为山西剪纸的发展增添了充裕的素材和内容。山西地区的剪纸各派之间又有不同的表现方式：南派豪放、天然、美妙且质朴，表现方式极具特色，造型特征变化多端；而北派则温婉、朴素、华彩但不浮夸，繁冗且不平庸。三晋地区的剪纸手工艺人们具有很深厚的艺术底蕴，吸收了国内各个地区剪纸技巧的精髓，融汇了大量的表现形式，呈现出的剪纸造型形态各异、变化多端，使人流连忘返。

2. 山西剪纸的应用范围

山西剪纸的内容有花草、树木、飞禽、走兽、鱼类、瓜果、蔬菜、景色、爬行类、人形、戏曲等。每到农历新年，每家每户总是挂着春幡和贴着窗花；农历正月十五常要赏花灯，花灯上要贴满寓意美好的剪纸；清明时分，在祭祀的贡品上要张贴具有代表性的剪纸，传递着对先人的缅怀；张贴五种毒物的剪纸用来避开瘟神，是农历五月初五的端午的习俗；"七夕"是牛郎织女鹊桥相会的时候，姑娘们都来剪各式各样的剪纸，比比赛；重阳节是要登高望远的好时节，人们剪出变化多端的剪纸形态来庆祝节日的到来；农历十月初一是为祭奠亡人的寒衣节，人们剪出不同形状的各色花纸来祭奠先人，悼念哀思。不同的剪纸均代表着不同的民俗风情。

在山西地区的家庭中，剪纸与传统日常活动紧密关联。一方面，民俗生活为它提供了素材；另一方面，传统的剪纸还是日常生活的必需品。民间剪纸产生于民间，源于人们的日常，它不仅起到修饰的效果，而且还为人们的生活增光添彩。剪纸的种类有很多种依据其各异的功能性，又划分为以下两类。

（1）岁时节令剪纸

农历新年是中国最主要的传统佳节，距今已有四千多年的历史了。从腊月初八、腊月二十三的祭灶，直至正月十五都是农历新年重要的时间节点，而且除夕年末和新年的第一天是至关重要的。在民俗中有许多重要的民间文化艺术形式，如"除残""守岁"、吊画、贴对子、设祭物、放炮仗、串门、跳舞、赏花灯、踩高跷、"捏花样"等。而贴窗花以及门吊是老百姓最为喜爱的事情，为生活增光添彩。每年此时，乡间屋里屋外均用好看漂亮的剪纸来装点室内，门窗上贴着花蓬、张贴窗帘，五光十色，绚丽多彩的吊门随风飘荡，为单调的室内增添无限的乐趣。各家各户张贴形态各异的窗花，或花草树木，或鱼虾，或鸟类，或牲畜，或鬼神，种类繁多。

正月十五之际，街上家里到处都是漂亮的花灯，五颜六色，绚丽夺目。朋友们聚在一起共同赏花灯、对春联，很是喜庆。山西地区供人们赏鉴的灯多种多样，形态各异，变化多端，五光十色，看得人眼花缭乱。古时候传统的花灯均是采用各式各样的材料手工制作而成的，有的是扎染的，有的是折叠而成的，有的是拼凑合成的。因此，传统的民间剪纸便融入了花灯之中，为人们的生活增添喜庆的气氛。

一年一度的"龙抬头"是在农历的二月初二。古时候人们为了祈祷来年能够风调雨顺，庄家生长茂盛，收获丰腴，因此把该节日看得非常重要。三晋地区处于华北平原之上，该地的降水量从古至今都很稀少，每年一到春季就是持续的干旱。面对这样的困难，古时候人们知识有限，想不到别的方法，就只能把美好的祈愿寄托在天力上，各个乡村、各家各户为了让上天降雨均用剪刀剪制龙的形状，张贴在窗户以及门框上，将这微弱的愿望寄托于这抽象的神龙、上苍上。该样式剪纸造型简洁，形态各异，表现形式五花八门，简洁明了，表达出一种朴实的乡村风韵。在山西有句谚语："二月二龙抬头，家家门脑贴甘露"，说的就是此时的民俗风情。

清明节同样是古时候乃至现在最重要的祭祀活动，人们用传统的方式祭奠死去的亲人，寄托思念之情。沿袭下来的旧时传统，每到此时此刻，人们都要用剪刀剪出各式各样的、用来烧的纸钱和剪纸花样，并把剪纸花样张贴在供奉的食物和东西上。这样的剪纸多采用白色，剪成吊钱悬挂在死去亲人的坟头，或是钱币的形状，或是元宝的形状，表达哀思。

一到谷雨时节，气候普遍逐渐变暖，田野间由于温度的升高繁殖了好多危害庄稼的害虫，进而也在乡间传播了好多疾病，危害着人们的生命。古时候只有阻止这一灾害的发生，田间的庄稼才能更好地生长，于是人们为了防止害虫及瘟病对的伤害，在谷雨日在家里贴上谷雨帖。这个时候几乎山西地区的各家各户都要这么做，为了祈求今年的风调雨顺。此类剪纸或形状粗犷，或奇形怪状，或简洁明了，或形态可爱。

农历五月初五是端午节。人们都偏爱在这个时候在各家的门框上绑上艾草，能去除毒害。传说蟾蜍、蜥蜴、蜈蚣等有毒的害虫会在这个时候侵害人们的健康，为了驱除这些有害的东西，便在这天剪出类似的剪纸贴在门廊上或是窗户上，来达到辟邪的效果。这种剪纸运用夸张的动物造型，大多以老虎的形象为依托，代表着一种威望，有趋利避害的含义。

（2）人生礼仪剪纸

从古时候开始，山西就流转着重要的人生习俗，为新生的孩儿剪个红色的、象征美好吉祥的剪纸做庆祝。这类剪纸多是以葫芦为原型，象征着吉庆纳福、躲避灾难。同样也是一种预示，只要外人经过此地，看到如此的剪纸就不会轻易出入这家，以免带来不必要的麻烦。剪纸的颜色多以红色、白色、黑色为主，不同性别的婴儿会采用不同颜色的剪纸来使用，但大多都是以红色为主。

自古中国人对于红事的办理是格外的重视。在结婚以前，家人跟朋友都要准备好多红色的剪纸为了表示庆祝，在新娘新郎的被褥上、新房的门上窗户上到处贴的都是大红色的"囍"字，代表着家人们的美好祝愿，表达对新人深深的祝福。此类剪纸的花样繁多，形态各异，大都以红色为主。在山西结婚贴剪纸是非常有讲究的，代表着幸福生活的一个重要过程，生活诸事如意，充满着乐融融、喜洋洋的良好气氛，也是指能够给生活带来幸福快乐的各种机遇和时间。表现喜庆的剪纸图案有"五谷丰登""喜上眉梢""喜从天降""龙凤呈祥"等，表达出对新人幸福美满的美好祝愿。阳泉地区多采用大型团花作为装饰洞房的窗花，表达出喜庆红火、吉祥如意的寓意。

在丧事的办理中也常常用剪纸来做装饰。大多数的陪葬物品都是用纸剪制而成的，有把纸剪成金山银山、金元宝的，有的照着小孩的样子剪了出来，还有的剪成不同鬼神的样子贴在棺材上，或是挂在自家的门上、窗户上，来祭奠亡人。在世的人们怀着对死去亲人的想念，思念之情，表达着这最后一点安慰。这类剪纸的形态各异，五花八门，各式各样，与众不同，大多都是抽象的鬼神形状，或是死者生前的喜爱之物。在山西晋北地区的剪纸中，多喜欢在死者的冥被和冥枕上粘贴好看的花卉图案以及代表富贵的花样，一方面是对死者的祭奠，还有一方面是为祖孙后辈祈福，希望后代能够好好地继续生活下去。

寿花，就是给老人庆祝贺寿的时候常用的民俗剪纸图案。这类剪纸大多都是具有长寿意味。而中国人向来都很看重生命的延续，希望可以长长久久地生活下去，而这其中也暗含着为老人解病消灾的含义，希望把长寿带给老人，希望他们身体健康，万寿无疆。这类剪纸大多采用红色为主，突出喜庆的含义，大多张贴在祝寿老人的家门口，如图5-1《吉星高照》《长寿》《仙女献寿》等大型剪纸。

图5-1 《吉星高照》《长寿》《仙女献寿》

（图片来源：百度图片）

3. 山西剪纸的种类

从不同的用途可对山西剪纸划分为以下几类：窗花、墙花、顶棚花、吊笺、装饰剪纸、鞋底的刺绣花样、围涎花、枕头花。

（二）山西剪纸艺术应用的现状分析

1. 山西剪纸艺术的现状

随着科学技术的不断发展，工业化愈演愈烈，我们的生活也伴随着时代的发展而变得更加富裕，任何我们熟知的东西都被打上了新技术的烙印，随之带来的大肆工业化，使我们传统的文化也受到了重大影响，山西剪纸也不能逃脱这样的厄运：大量的工业化生产使得这种小众的民俗文化变得没有生存余地。这种传统文化的发展空间慢慢消失，如此宝贵的非物质文化遗产渐渐没有了拓展的土壤。

2. 山西剪纸艺术的市场开发

目前只有在山西一些旅游区才能见到山西剪纸的身影，无外乎是开发旅游资源、作为旅游纪念品来出售，但是在平常的生活中却是少之又少，更别说山西以外地区，更是罕见。笔者认为，首先应该建立起大众的认同感，增强人们的开发意识，调整目前的剪纸市场，不断推出新形式的剪纸来顺应市场的发展。其次，要与当地政府紧密地联系在一起，制定相关的法律法规，为广大的剪纸开发人员提供一个良好的市场环境。最后，可以发动老一辈的剪纸手工艺人们，让他们"走出来"，为广大的剪纸爱好者传授剪纸技艺，吸引更多的年轻人来学习剪纸这门宝贵的艺术，从而开拓出一条全新的发展道路。

（三）山西剪纸艺术的传承与创新

1. 山西剪纸传承人及艺人的培养

为了更好地开发和发展山西剪纸，不可忽略的是要培养山西剪纸的传承人，使得这项珍贵的民俗能够继续发扬。很多我们熟知的传统文化形式都是在一个个的传承人手中继续发扬光大的，这些传承人无疑是对传统民间艺术形式能够继续发展的另一种新的路径，也是这些广大的艺人和传承者将我们的传统民俗事项推向世界的另一个更好的途径。这种传播方式大致可以分为家族传承和地域传承这两种。

（1）家族传承

山西剪纸的一个更加重要的发展途径就是家族传承。山西剪纸是中国传统文化中民俗发展的载体，蕴藏着丰富的艺术资源，是一种深受大众喜爱和接受的传统艺术形式。山西剪纸的传承最重要的就是从家族开始，年轻人跟从父辈一代开始学习，然后再通过自己传给下一辈。山西剪纸艺人王计汝是著名的中阳剪纸代表人之一，十三岁跟祖母学剪纸刺绣，从1978年开始由剪窗花、灯花向传承民俗剪纸发展，并不断创作大量专题性的剪纸艺术作品。她有一手娴熟的剪、塑、绣、扎技艺，有一个装满远古文化、民俗风情的脑子，充满了对剪纸事业的期盼和热爱。她三十多年来为中阳剪纸无私奉献，剪出成千上万的精品，传遍五湖四海、大江南北。

（2）地域传承

优秀的山西剪纸中蕴藏着不可磨灭的文化记忆，蕴藏着祖祖辈辈手工艺人们的精华，是中华优秀传统文化得以继承发扬的艺术载体之一。现代的我们过于追求文字的东西，而非物质的艺术文化却很难保存下来。作为有悠久历史的山西剪纸之所以没有在现代的社会发展空间，就是我们忽略

第五章 山西民间传统工艺及民俗文化的传承与创新

了这其中最重要的地理因素。地方剪纸往往最重视地方保护，地域性的传承也就显得尤为重要。山西剪纸可以借助这样的艺术土壤在山西境内依托不同的地理环境而继续发展，由于地区不同而发展出不同的剪纸风格，我们不可能将它们共同视为一样的剪纸形式去保护，应该因地制宜，即不同的地理环境采用不同的民俗保护形式。

3. 山西剪纸艺术走向数字化

在互联网技术飞速发展的背景下，为了山西剪纸艺术更好地继承下去，数字化技术的运用为剪纸艺术的延续提供了良好的发展空间。通过数字化的方式展现传统艺术，是对实体剪纸艺术的再现、延伸与扩展。

传统的山西剪纸走向数字化是将科学技术与传统文化的结合，内容与形式的统一。比如，通过借助 Dreamwear、Photoshop 等大量的技术软件来实现，如图 5-2。即使是不了解剪纸技术和方法的人，也能通过网络在线进行剪纸艺术品的设计。计算机图形设计系统提供了多种图形设计工具和数以十万计的颜色。使用各种应用软件，搭配不同的主题和思想，可以进行自由的编辑、缩放、移位、剪裁等，以达到最佳的设计效果。这种方法节省了时间，可以最大程度地激发我们的想象力，同时增强了山西剪纸艺术的互动性和趣味性，有效地促进了山西民间剪纸艺术的发展。

用户通过使用数字化在线设计如图 5-3，可根据个人喜好选用不同的剪纸素材，对不同的剪纸纹样进行自由组合，还可以将自己设计的剪纸纹样上传到素材库中以供后期使用，最终通过图片的格式，进行纸质化打印输出。

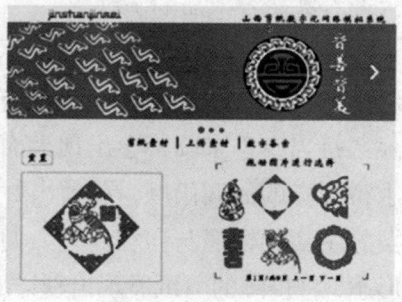

图5-2 数字化创新网络模拟系统界面图　　5-3 山西剪纸数字化网络模拟系统

山西剪纸艺术的数字化是以展示民族事项和继承民间文化为基础，采用计算机技术的处理，完成了传统文化的创作，将现代高科技的技术手段与传统文化进行一定的融合创造，达到继承和延续传统艺术的意图。

通过对山西剪纸发展现状的分析，结合山西剪纸自身发展的特点，为了使其更好地继承下去，还需要我们每个人的共同努力。家族传承和地域传承这两种方式，可以让我们更加深入地了解民间艺术蕴藏的文化内涵，从浓厚的文化氛围中领略传统剪纸艺人精湛的艺术技巧。通过剪纸艺术和数字化技术的互补发展，又从多媒体技术方面拓展了山西剪纸的发展道路，以一种更新、更为现代人接受的方式进行宣传和推广，激发了人们对于民间艺术的参与热情，使大众更加期待对民间传统文化形态的体验，进而提高了社会对山西剪纸的关注，促进了传统民俗文化形式传播工作的向前发展。

4. 山西剪纸艺术应用于视觉传达设计

山西剪纸的装饰性很强，具有丰富多彩的艺术表现形式。地域环境的不同赋予了山西剪纸别样的艺术特性，在如此繁多的民俗艺术中，山西剪纸有着千变万化的艺术表现力，希望通过山西剪纸与现代设计艺术的融合创新出更加新颖的艺术剪纸，在广大的文化市场中占有一席之地，展现出丰富多彩的艺术风格。

（1）吉庆纳福的心理诉求

传统的山西剪纸结合了大量的艺术表现形式，表达出积极的生存状态，传递着美好的幸福期盼，使用了大量的修饰手法和技巧。山西民间的剪纸总是带给人们一种红火、快乐的文化气息，描绘的大多数都是生活中最朴实的场景，或是丰收的喜悦，或是家中添丁的快乐景象，或是嫁娶的浪漫情怀，无不透露着生命的美好。

（2）求吉避灾的传统理念

从传统的文化理念看，山西剪纸有强烈的主观情感。古时科技不发达，山西地区每当春季来临都会出现大面积的干旱，庄稼无法正常生长，人们为了求得开春的风调雨顺，就剪出好多龙形的剪纸来祈求降雨，反映了人们对美好生活的憧憬与向往。艺人们运用抽象化的表现手法，加上拟人的艺术形态，将传统的剪纸展现出别样的艺术风情，剪出了丰富的生活场景。

（3）生命不息的民俗文化

对于生命的崇拜是人类一直追求的生活表现。女性自古以来都是生命继续的承载体，山西地处黄河流域，是三晋文明的发祥地，因此在剪纸中也常常出现具有代表生命繁衍的剪纸造型，表达出人们对生命的无限追求，通过具有象征和广泛化的艺术表现手法，深刻地刻画着传统文化的印迹。

山西剪纸艺术是中华民族中不可替代的传统艺术形式，是人民生活的载体，是中华民族优秀文化之一，深受人民的喜爱。其有着特有的艺术表现形式，在现代社会中发挥着重要的传承作用。随着时代的进步，山西剪纸也在融合了新思维的意识下继续发挥着其无可替代的作用，逐渐走向了艺术化的转型，不仅注重好看，还有一定的实用性。

二、山西面塑艺术的传承与创新

古代面塑源于新石器时代的泥塑，它主要用于供奉祖先、祭祀神灵。创作者将面塑拟人化，表达对图腾、生殖、神灵的崇拜。随着小麦种植业的扩大，面塑普遍具有了审美功能，大多通过农村妇女之手传播。它饱含着美好的象征寓意，寄托着人们对幸福生活的向往。山西面塑艺术目前已入选国家级非物质文化遗产项目，是中华传统优秀文化的重要组成部分，需要我们充分利用现代化的手段去保护和传承。

（一）山西面塑艺术的品牌传承保护现状

1. 保护现状

面塑艺术作为中国国家级非物质文化遗产的一部分，越发地受到政府和社会的瞩目。2017年9月15日，由中央网信办、文化部主办的"喜迎十九大·文脉颂中华"非物质文化遗产大型网络媒体活动在首都北京正式启动。"互联网＋非遗"的话题也备受社会的关注。随着时代的变迁，人们对非遗的认知也有所不同，得益于党中央、国务院对非物质文化遗产的大力保护和扶持工作。面塑这一传统民间艺术以其淳朴的制作方式、浓郁的民间味道被越来越的人接受。山西面塑既满足了民俗文化活动的需要，也反映了老百姓对美好生活的向往和对美的探究。

山西的面食享誉全国。面食与面塑密不可分，面塑的发展必然要受到山西面食广告品牌的影响。山西面塑可以利用这一优势，采用展览、推介、食品博览会等形式，将山西面塑推向市场、走向世界，让越来越多的人了解山西面塑艺术，从而将面塑艺术保护和传承下去。

目前山西对面塑艺术的文化保护工作主要是在乡镇进行一系列中小型的文化活动，比如每年的岚县文化艺术节、中华傅山园举办的山西花馍艺术展等。当今社会，面塑艺术不但从农村走向了城市，并且逐步与世界相接轨。大连面塑艺人刘吉成曾获得民间文艺唯一与面塑相关的最高奖项"山花奖"，他创作的"十二金钗"栩栩如生、活灵活现。鲁迅美术学院还专门开设了面塑专业。可见，面塑艺术越来越受到社会各界的关注和喜爱，应采用数字化的手段将其保留下来。

2. 存在问题

（1）新时代人们对传统文化习俗信仰的淡化

随着时代的进步和生产力的提高，我国经济状况极大改善，人民生活水平普遍提高，在市场经济引领下，多数劳动人民也有了新的理想和抱负。随着物质生活的改善和外来文化的冲击，部分年轻人开始追求外来文化，缺失了民族信仰，导致原有的节日习俗逐渐淡出人们的社会生活，许多传统手工艺品、技艺也面临失传。

（2）政府和非政府组织未形成统一的保护机制

目前对山西面塑艺术的保护主要由当地政府和非政府组织来进行。政府组织主要以文化馆为代表。非政府组织主要包括民间非营利性组织，以山西面塑协会为代表，民营企业如面塑公司等。这些保护组织的侧重点不一样，其中文化馆旨在以展会的形式来宣传面塑文化。协会多通过大量宣传活动来展示面塑的技艺和文化，其形式也相对更加灵活。而面塑公司注重产品的商业价值意在对山西面塑艺术经济价值的开发和利用，主要通过批量化的面塑制作，以满足市场需求，也为保护和传承面塑的艺术价值提供有力的保障。三种组织各有侧重，虽然也有合作，但更多的情况下是各自独立，尚未形成统一的保护机制。怎样能集三者的优势汇聚力量形成集保护、传承、开发、利用为一体的保护机制，是我们当下面临的问题。

（3）面塑价值未被开发利用，市场推广落后

笔者对出版的有关山西面塑的书籍进行调研，了解到大部分书籍都仅限于阐述其造型，进行实地考察后才明白面塑的文化内涵。山西面塑源于民间，反映了当时的民俗活动节日礼仪，具有丰富的文化内涵和独特的制

作工艺，是中华民族的文化符号之一，代表着中国传统的民俗文化，但在世界上的享誉度却还远远不够。自山西面塑成为国家级非物质文化遗产以来，其价值得到社会的认可，但在市场经济趋使下，产品的核心竞争力还需要市场来检验。如何让山西面塑走向世界，获得更多的社会效益和经济效益，还需要我们掌握国内外最先进的科技装备来进行宣传推广工作。

（4）面塑的传承保护后继乏人

现代人快节奏的生活方式导致生活压力变大，人们没有时间静下心去学习和制作面塑作品，加之当前从事面塑制作的传承人面临年事已高、收益偏低、难以立足等现实问题，导致面塑传承人的紧缺。面塑的制作工艺相对复杂，传承没有资源样本，经济效益也不容乐观，愿意从事传承面塑制作的人也寥寥无几。虽然政府和非政府组织定期会开办面塑学习的培训班，但参加报名的年轻人很少。企业虽然为面塑艺人增设了就业岗位，但由于收入不高，导致愿意从事面塑传承的年轻人还是很少。

（5）面塑样式较单一创新进入瓶颈阶段

艺术品和消费者之间的联系是相互转化的，艺术品能够带给消费者好的体验和服务，消费者多元化的需求又促使艺术品质量的提升。循环往复，艺术品只有不断地创新，才能给市场带来新鲜的活力，从而影响艺术品的质量和销量。现如今的山西面塑样式相对单一，创作题材、手法、传播方式较为固化，很难满足多元化、层级化的消费者需求。如何在保持面塑传统文化精髓的基础上创新发展出更具特色的表现方法和传播手段值得我们深思。

（二）山西面塑艺术的数字化保护

现当代数字化技术在文化遗产保护中的运用主要有四种手段：数字化建模、虚拟现实技术、数字化设计系统、数字化编排与声音驱动技术。结合这几种数字化保护手段可以实现对山西面塑艺术的有效保护。

1. 山西面塑数字化建模

首先利用三维扫描仪或三维照相机等专业设备对面塑实物进行全方位扫描、拍照，以获取精确、翔实的面塑原型的三维信息；然后结合三维建模与图像处理技术，对面塑实物进行面塑构造、表面纹理、色彩纹饰等信息的细化、优化、再加工，尽量真实完全地还原实物，并存储保留；因面塑多是以小麦面粉为原料制作加工而成，实物保存时间短、难度大，为了留存实物样本，可以利用3D打印技术结合新材料将典型面塑形态进行重塑，同时要建立山西面塑相关的数字模型，从而为山西面塑艺术的资源共享、艺术研究、保护和传承提供准确、翔实的数字化资源。

2. 山西面塑虚拟现实技术

虚拟现实技术，即我们通常所说VR技术，即通过计算机对山西面塑的形态进行数据采集处理计算，而后进行计算模拟，在面塑艺术保护过程中再现从面塑材料加工到面塑装饰上色再到上锅蒸制成型的全部三维立体虚拟场景，可以让面塑艺术"活"起来，使体验者亲身体会到面塑的魅力；同时开发相关体验者虚拟参与制作过程的三维模拟程序。当体验者戴上VR头盔后，选择参与制作，就能参与到面塑制作工程中，每一位参与者都能了解并体验到山西面塑的制作，为面塑艺术的传承和品牌保护提供更多可能性和更加可靠的路径。结合VR技术与云技术，开展交互展示系统，各地参阅者均可异地调阅山西面塑的三围立体数字资料，扩大山西面塑艺术的影响力。

3. 山西面塑数字化设计系统

山西面塑数字化设计系统从两大主要内容入手设计，分别是平面图形数字化与三维立体数字化，经过数字化系统处理，对面塑表面平面纹理、色彩和三维构型、样式进行再创作，结合传统元素与现代艺术导向创新，制作出新结构、新样式的面塑作品，从而让古老的面塑艺术跟进时代，符合现当代审美取向与实用价值，对保护和传承山西面塑文化遗产具有十分重要的意义。

4. 山西面塑数字化编排与声音驱动技术

对山西面塑数字化编排与声音驱动就是指保存面塑制作工序以及优秀面塑作品的视频资料和音频资料，采集各地山西面塑视频音频资料，整理分类，整合成系统、翔实的视频库和音频库，进一步开发山西面塑艺术保护系统，最终达到树立山西面塑品牌、由数字化转变为智能化的目的。

近年来我国实行"互联网+传统行业"的发展模式，将我国现有的传统文化资源利用起来，使其走出博物馆转变为数字文化衍生品，并将优秀的传统文化思想融入人们的日常生活中。对互联网平台进行有效的利用，逐渐形成"互联网+非物质文化遗产"的创新模式，让中国传统文化走出国门，拥有更广泛的空间，向世界展现自己的光彩。山西面塑艺术的数字化保护大致可以从两方面入手：一方面利用现代化专业数据采集设备对面塑进行数据采集，采用数字摄影、三维成像、3D打印和虚拟现实多媒体等技术，对面塑艺术进行记录保存。另一方面凝练出山西面塑的设计精华，灵活应用于现当今各个设计领域，结合山西面塑传统设计理念，顺应当代设计思路，不断推出更具观赏、实用价值的新工艺品、工业品以及生活用品，应用当下符合审美趋势的色系对面塑相关艺术品重新上色，赋予其当下新时代的精神价值新理念，既满足了大众审美需求，又能起到保护传统文化的作用，还能将传统面塑作品推陈出新，不断进取，让古老的面塑艺术为中华文明新的精神与内涵增添浓重的一笔。

三、山西牵绣民俗文化的传承与创新

牵绣艺术是劳动人民遗留下来的宝贵精神财富，是历经千年不断扩布传承的文化遗产。

（一）牵绣发展历程演变

牵绣的发展历程，要从春秋战国时期的"十果鞋"开始追溯。相传在2500年前，晋国以古绛为都，先后吞并了周围的十个小国，为庆贺疆域开拓，百姓安乐，便下令召集天下能工巧匠，运用最精湛的刺绣技艺将薄金片分别制成不同样式的十种果子纹饰缀于绣鞋之上，让晋国宫女都穿上此鞋，以示其兼并诸侯的宏伟业绩。这种绣鞋在当时被称为"十果鞋"，之所以称之为"十果"是取自"十国"的谐音，意在宣扬晋国吞并十国的壮举。后来，这种习俗逐渐在民间流传开来，但民间普通民众并没有金银丝线等贵重绣品织物，聪明的老百姓就用普通的针线在布料裱糊成的硬质织物上绣出了"千果鞋"。

到了魏晋南北朝，这种绣法在北方地区逐渐流行开来，民间百姓开始称之为"绣"。唐朝，曾有来自并州（指山西）的民间彩织刺绣贡品受到当朝皇帝的喜爱。至晚清年间，统治者在民间征集能工巧匠，负责为皇家以及朝廷官员缝制服装，选拔了一批擅长"绒绣"和"牵绣"等精工细作的匠工留于织造府内，直到清朝灭亡。牵绣绣品制作手艺，至此达到鼎盛。

中华人民共和国成立后，牵绣行业再度逐渐繁荣起来。据和顺县县志记载，当地曾组织妇女民众开展纺织劳动，针线活、牵绣手艺已成为每个家庭中女性劳力的必修课。20世纪60年代中期到70年代，和顺刺绣绣品最初是鞋垫、枕头、荷包、针线包、坐垫、香包等日常用品，后扩大到壁画等观赏品，随着时代的不断进步，牵绣绣品的适用范围也逐步扩大，在创作内容上除花鸟、人物、字画、动物之外，又多了些时代主题的内容，如关于"一带一路"时代主题的作品《梦之路》，"美丽中国"主题的作品《和谐和美》等。

自2011年开始，和顺县委县政府每年举办许村国际艺术节，该艺术节邀请世界各地的国际知名艺术家来进行文化交流，不少外国友人会在当地村民家中品味农家菜的同时参观当地妇女的牵绣绣品。通过这些牵绣作品，可以看到劳动人民对生产生活的无限热爱，也表现出劳动人民对艺术的创造力。"牵绣""硬质绣"不再是民间百姓中口头流传的名词，而是逐渐成为一种艺术品流传于世。

（二）山西牵绣民俗文化的传承与创新

1. 建构多元传播主体，全方位协同发力

（1）政府发挥带头作用，自上而下传播和疏导

首先政府机关、当地宣传部门和官方媒体，可先从培训党员做起，发挥党员的先锋模范作用，学习牵绣民俗文化中的基础知识，了解文化内涵，调动人们传播民俗文化的积极性，同时还能吸引更多有志之士和感兴趣人士投入到牵绣的传播和学习过程中。党员在广大人民群众中有着正面积极的影响力，能够起到"意见领袖"的作用，可以切实发挥自上而下的带动传播作用，激发广大人民群众投身到民俗文化的传播中去。同时，在互联网时代，受众的反馈信息非常重要，政府机关的党政工作人员要做好及时回复和积极向上级反映受众需求的工作，践行为人们服务的职责。

其次，要培养新媒体专业技术人才。新闻媒体是党和政府的"喉舌"，在民俗文化的传播中少不了具备专业素养的新闻工作者。对牵绣民俗文化传播的内容创作和推广的工作人员需要具备一定的文化素养和专业素养，

定期做好民俗文化培训，实时关注牵绣民俗文化发展的最新动态，做出相应的基础文化理论完善工作，不断调整民俗文化传播的策略。

最后，政府宣传部门和官方媒体要做好数据收集统计的工作，不断探索新的传播方式，整合牵绣信息发布数据和受众反馈数据，及时分析受众的信息传播行为，及时调整策略以满足当地受众的信息需求。同时，要加强对门户网站、新媒体互动平台的维护工作，自上而下地提高对牵绣民俗文化传播的主动性，打造积极正面的口碑效应。

（2）多产业合作发展，发挥联动效应

政府相关部门可以协调当地优质产业资源，整合当地优势产业，让民俗文化深入到产业合作当中，焕发民俗活力。企业传播主体传播力度大，能够产生的社会影响力也不容小觑，牵绣文化自身拥有很强的文化品牌效应，可以在双方合作的基础上，互惠双赢。如牵绣作品《豹喜》，就是同和顺醋业、和顺生态保护协会合作的一个典型的例子。牵绣民俗可以为产业提供商业产品的品牌设计工作，为产业设计出专属的品牌符号，同时还能够扩大牵绣的影响力，让更多的民众关注到牵绣的发展。优质产业间的合作能够最大限度地利用各产业广大的群众基础，扩大牵绣传播的广度，同时也能展现地方特色，提升区域竞争力，实现经济效益，带动当地经济联动创新发展，走上一条可持续发展之路。

（3）重塑移动互联时代传播者身份

自媒体平台的勃兴，使得媒介人的身份重塑，信息传播者的身份纷繁而复杂。在牵绣民俗文化的传播过程中，牵绣信息的发布者可能是专业的媒体从业者，同时也可能是一位普通的非媒体从业者。面对历史悠久、充满地方特色的牵绣民俗文化，在文化内容的传播中，显然不如土生土长的当地人民了解得更多，因此，每一位普通的和顺人民，才是最好的牵绣民俗文化的传播者。尤其是牵绣培训班的学员们，他们常年与牵绣为伴，对牵绣有着自己独特的体会和感悟，在自己亲身经历的基础上，传播一些在学习过程中的趣事或者大家喜闻乐见的民俗故事，还可以通过微博账号和微信公众号等，来传播和发布自己对于牵绣民俗文化的认知和感悟。在媒介身份的重塑过程中，由每一位普通的和顺人民传播的民俗文化才是鲜活、有温度的民俗文化。

2. 丰富渠道平台，注重技术创新

目前牵绣民俗文化的传播平台少，渠道单一，缺乏创新，技术利用不到位，传播效果有限，因此，要开拓牵绣民俗的新媒体传播渠道，注重新技术的引进，改善民俗文化的传播布局。

（1）"教育+民俗"式联合平台

首先，和顺县中小学可鼓励青少年开展绣工体验活动，了解周边老一辈艺术家的传承事迹，引导学生从小树立正确的价值观，感悟民俗文化的魅力。"教育+民俗"式的教学体验活动，更易于青少年群体的接受，且能够实现更为直接的信息双向互动。其次是公益政策的推行，公益活动的开展能够在学生实践教学中扩大民俗文化影响面，使青少年对工匠传承精神产生情感共振。活动可以分为线上和线下两种方式举行，线上利用"跨屏互动"、教育直播平台进行网络课堂宣传，线下利用课堂宣讲、课间广播等方式进行。最后，可以从牵绣民俗产业的产品销售收益中分拨一部分建立贫困学子基金，帮助和顺地区乃至其他晋中地区的贫困学子完成学业，同时对牵绣民俗文化正面形象的传播起到推动作用。牵绣民俗文化的产生与发展始终秉承时代精神，只有从小教导青少年自觉传承、传播，践行吃苦耐劳的精神，才能实现工匠精神的代代传承。

（2）利用数字媒体技术沉浸式传播

牵绣作品由于自身的特殊性，使得受众不能够面对面且近距离地感受大幅牵绣代表作品带给人的感染力，数字媒体技术却能够有效地解决这样的问题。VR全景式虚拟现实技术正在逐步取代传统的图片形式，可以让受众通过"情景再现"的形式观看到牵绣的传承历程，同时还可以身临其境地走进牵绣的世界，观看牵绣民俗作品，沉浸在牵绣民俗的文化氛围之中，更好地感受传统文化的氛围和气韵；同时，还能够通过数字媒体技术让受众观看到牵绣的每一件绣品，制作讲述牵绣人物故事的动画，开发民俗互动小游戏等，加深对民俗文化的理解，体验文化魅力，感受文化内涵，从而积极主动地参与到牵绣的传播过程中，有效提升牵绣民俗文化的传播效果。

（3）视听化呈现牵绣民俗

5G时代的开启，人类社会将进入一个移动互联、大数据、智能结合的新时代，信息的传播将更加便捷，同时也将会带来受众体验感更强的视听化传播。如今，短视频市场已呈现出全面繁荣的态势，成为信息传播的主流形态。在牵绣民俗文化的传播过程中，视听化传播形式必不可少，将牵绣的发展历程以及绣法、纹样、绣制过程制作成小短片，挖掘更多可视听化传播的素材，吸引更多受众的关注，可以为受众提供更多可以了解的细节和内容，更加生动直接地展现牵绣技艺。

3. 营造优质传播环境，线上线下互动互联

如今互联网信息繁杂，时有网络事件标签化、谣言化的污名加身，因此，加强对受众的媒介素养教育必不可少。政府及各大媒体平台应设立媒体平台的防护预警机制，及时有效预防负面信息的扩散和传播，推进我国主流价值观念的输出与继承。政府和文化工作者、党员同志要做好带头把关作用，树立传播者良好形象，和普通民众一同打造优质纯净、健康积极的民俗文化传播环境。

通过线上和线下相结合的方式增进民俗文化的传播可以实现优势互补。线上传播主要依靠的是电视、新媒体平台、网站等传播时效强，传播速度快的媒介形式，但参与感不强、受众体验感较差，结合线下活动可以有效地弥补这个缺憾。线下传播可以通过文化艺术节、体验馆、展览活动等参与到牵绣的文化互动交流当中，受众的参与感更强，也能够吸引受众的关注。同时，线上和线下活动的开展还能够更加多元，从线上互动来看，公众号可以通过留言、点赞、转发、福利大放送等方式吸引受众。转发、点赞、抽奖等活动门槛低，但参与度高，传播速度快，能够吸引受众主动参与和关注。从线下体验来看，线上的奖品赠送可以延伸到线下的文化节的优惠奖励上，打造智慧艺术文化节，让受众以更舒适、更愉悦的心态体验牵绣的魅力，在网络平台中热议、互动，从而形成线上线下良性循环。

四、山西面食文化的民俗传承与创新

山西被称为"面食之乡"，因其经历五千年的流传演绎，形成了博大精深的面食文化。围绕着面食的起源、发展、制作，山西的每一种面食都有一段俗定的历史，每一种小吃都有一个美丽的传说故事。面食文化已和当地民众生活融为一体，成为民间习俗的重要组成部分。由于山西纬度跨

度很大，并且各个区域的习俗和历史文化传统不甚相同，这就造成了各地区面食文化的差异。

面食文化在原平经久不息的传承，与原平人对于面食文化的认同密不可分。原平面食源于民间，成长于民家，在流传中加入了许多民俗心态，寄寓了广大人民许多心愿、希望与祝福。它蕴含着悠久的历史，渗透着当地的民风、民情和民俗，折射出这方水土、这方人民的生活习俗、处世特点和生活情调。长期以来，人们总是自觉或不自觉地运用各种民俗符号交流着丰富的民俗文化信息。在原平，面食已成为人们日常生活中传递复杂文化信息、表达美好心愿与祝福的重要民俗符号，并形成了一种独特的文化形态。

笔者以山西省原平市为例，通过原平人的面食文化习俗，可以更全面地了解山西的面食风俗。

（一）原平面食的类型

1. 传说故事的面食

传说作为民间文学的一种，是广大民众传导、表达自身人生感悟、生活诉求与生活状况的一种途径与方式，"它在广大人民群众中流传，主要反映人民大众的劳动生产、日常生活和思想感情，表现他们的审美观念和艺术情趣"[1]。当这种独特的文化形式和文化现象发展到能够代表这个区域，成为这个区域文化的标志并得到普遍认可时，它就成为这个区域的文化品牌。

民间传说不仅包括历史人物、山川河流的传说故事，还包括地方风物、社会习俗的传说，通过生动的故事情节，更能向外人解释地方风物、风俗习惯、土特产品的来源和特点，以此来说明是本地所特有的，增强其归属感，传达一种对于本地文化的认同感。关于原平面食，几乎每一种都有奇特的传说，这些流传在民间的传说故事，不仅丰富了原平的面食文化，而且寄寓了民众内心的真情实感，反映民众对于本地文化的深度认可。

（1）锅魁得慈禧太后赐名

原平锅魁（图5-4）发明于300多年前，相传"锅魁"这一名称得于慈禧太后，本来它叫做"锅馈"，但慈禧太后尝过这一其貌不扬的点心之后，

---

[1] 钟敬文. 民间文学概论[M]. 北京：高等教育出版社，2012：1.

高兴地称之为"炉食之魁",于是原平锅魁正式定名了。

图5-4 锅魁

图5-5 锅魁

过去,原平锅魁(图5-5)是作为民间地方小吃出现在人们的生活中,如今,它已企业化生产,并且作为馈赠亲友的特色商品。尽管实现了企业化生产,但原平锅魁的制作还是依靠纯手工,因为流水线和防腐剂都会影响锅魁的口感。原平人不仅传承着纯粹的制作技艺,还在传承着晋商重信重义的传统美德,更是将晋商的诚信之本发扬光大。

(2)其他传说故事的面食

在原平面食中,关于传说故事的面食有多种,除了锅魁得慈禧太后赐名,还有高粱面"鱼鱼儿"与"老鼠娶亲"、崞阳"麻叶"在"顺义号"诞生、干罗与"姑姑救"的民间传说故事。由于篇幅所限,关于传说故事,笔者将不做详细叙述。

在原平,正月初十叫做"十子",要吃"十子鱼鱼"。高粱面"鱼鱼儿"作为原平普通农家家常面食,已经有近千年的历史,搓高粱面"鱼鱼儿"是姑娘们在出嫁前必须掌握的重要技能。原平人在"十子日"吃"十子鱼鱼"期盼"连年有鱼"。虽然"老鼠娶亲"在全国各地都有,但原平的"老鼠娶亲"一定是独一无二的,因为它结合了原平的传统吃食,原平民众赋予了它独特的民俗内涵。

崞阳"麻叶"是原平的另一种特色炸制面食。崞阳是原平的古县城,后来县址迁到原平,就有人将崞阳"麻叶"称为原平"麻叶",但更多的人还是习惯称之为崞阳"麻叶",赶集或者庙会时,绝对少不了"麻叶"的身影。它就像集会的象征物,几百年来依旧保持着它的属性。崞县城的"麻

105

叶"不是太原人所指的"麻叶",虽然叫法一样,但形态跟油条大有不同。

2. 家庭生活的面食

在原平人的饭桌上,最常见的日常面食种类有馒头、花卷、"鱼鱼儿"、各类饼子、手撅疙瘩、"圪妥"、焖面、刀削面、和子饭等。趋同于晋北的饮食风格,大致就是蒸煮焖三种最简单的制作方式。

（1）手撅疙瘩

原平的一种家常面食,也叫合锅面。就像它的名字一样,这种面食十分朴素而又粗犷,但它集面的劲道、菜的软烂、肉的香浓于一锅,吃起来过瘾又实在,尤其是菜品供应不足的季节,一锅饭里几乎可以包含所有的蔬菜,对于并不富裕的家庭来说,简直就像吃到了满汉全席。虽然这种面食难登大雅之堂,但它面菜结合、荤素皆宜、口味丰富的特点,极富地域特色,深受老百姓的喜爱。

（2）"圪妥"

每一片面都是纯手工,做的时候费时费力。人们对于圪妥的拧法各有各的方式,有人追求速度,用一只首尾粗细差别不太悬殊的筷子,一次能拧十几个（图5-6）;有人追求品质,认为经过指腹与手掌摩擦的"圪妥"才更有灵魂（图5-7）。由此,原平人对于家庭和睦的初衷,对于家人的爱都很分明地体现在每一顿饭中。

图5-6 筷子拧的"圪妥"　　图5-7 手指拧的"圪妥"

（3）高粱面"鱼鱼儿"

高粱面"鱼鱼儿"在大米白面还是稀罕物的年代是作为人们家常便饭出现的一种面食,是原平一带乡下人的家常便饭。在原平,高粱面"鱼鱼儿"

有两种搓法，最古老的搓法叫扁扎"鱼鱼儿"。做法是开水泼面，搅揉成团，然后两手搓动将面搓成枣核形，轻轻一压，就是"鱼鱼儿"了。另一种搓法是将团面搓成蛇样粗细长条，然后掐断成小面剂，当地人叫细面鱼儿或长面鱼儿。

每到吃"鱼鱼儿"的日子，家中的男女老少早早就开始做准备，一般是家中女人搓长面"鱼鱼儿"，男人和小孩儿搓扁扎"鱼鱼儿"，全家总动员。搓长面"鱼鱼儿"是很需要技术含量的，没有积年累月的练习搓不了一手好"鱼鱼儿"，而且，在原平，搓"鱼鱼儿"是每一个女人都要会的活计，就算出嫁前没有在娘家学会，也一定会在出嫁后跟着婆婆学的出神入化，就像是约定俗成的规矩。

（4）"金裹银"

包皮面，亦称"金裹银"，是原平地区的美味面食之一。其独特的擀制方法，让粗粮与细粮巧妙结合，使这一面食神奇的幻化出了独特的风味，吃起来别有韵味，广受百姓喜爱。

包皮面是哪种面包了哪种面呢？由于人们口味不同且食俗有所差异，所包的面种也不同，概括起来是用细粮包了粗杂粮做成的。有的人家常吃红面包皮面，红面就是高粱面，而有的人家喜欢吃玉米面包皮面。在原平，人们经常不拘泥于包一种面，而更多受推崇的是荞面包皮面。

（5）拿糕

拿糕也叫牙糕，在笔者看来，是形似浆糊的一团面食，不仅形似，制作方法也十分相似，它是原平农家的一种笨饭。

3. 作为民俗生活的载体

（1）人生礼仪的面食

①油糕

油糕在人生礼仪中担任着重要角色，在年节的作用也不容忽视。每年农历腊月三十，春节前一天，家家户户都要吃油炸糕，即年糕，谐音"年高"——年年高的意思。原平的油炸糕也有不同的做法，轩岗西山的油炸糕个儿小，有包糖糕、豆馅糕，也有枣泥糕；西山的包糖糕皮薄糖多，咬一口就会糖浆四溅，得学会吃，要不然就闹笑话了；原平平川的油炸糕个儿大、软溜、筋道、有嚼头，而且还有囫囵黄米糕的做法。

②花糕

花糕在原平人的婚礼上也是很重要的一种面食，原平人把它叫做红枣花糕，因为花糕不仅有漂亮的图案，还层层叠叠夹杂着很多枣。花糕是一种蒸制面食，是山西花馍的一种，形状类似于外国人在婚礼现场吃的高层蛋糕，营养价值高出蛋糕好几倍，不仅好看，而且好吃，是民间面食制作技艺的杰出代表，没有得到真传绝对做不出来。花糕作为婚庆文化的组成部分，具有深刻的民俗文化内涵。花糕中的枣与"早"同音，寓意早结良缘、早生贵子。花糕是给予媒人的奖赏，也是爱情婚姻成功的见证，这一美好的面食包含了"愿天下有情人终成眷属"的祝愿。

（2）节日庆典的面食

①"摊黄儿"

"摊黄儿"是一种风味独特的烙制食品，原平称"黄儿""摊饭""折饼"。其原料为小米面、玉米面、糜子面、高粱面、荞面，也可用小米面、玉米面掺以少许白面的混合面。

②"八仙旗旗"

"八仙旗旗"是原平人在正月初八要吃的一种面食。据说初八是众星聚会之期，原平人在这一天要吃"八仙旗旗"。"八仙旗旗"是形似小旗的面食，做法很简单，面擀开之后折叠几次，用刀切成菱形小块儿，入锅与菜一起煮，或者浇汤头都可以。

③饺子

饺子在原平既是一种面食文化的品种，也是一种礼仪化食品。说它是礼仪化食品，是因为它和月饼、粽子等一样，都被认为有着神化的力量，当它与一定的节日礼仪相连时，就有着公认的魔力。比如过年的饺子就有着年节的特殊含义，过年时包饺子不像平日里那样随便，要包成什么样的形态，包什么样的馅儿，都有着特殊的规定，尤其是除夕晚上的饺子，特别重要，它关乎着年末的顺利收尾，以及预示来年的福气。饺子的礼俗意义不仅体现在过年时，在原平还有"上车饺子下车面"的说法，在家里有人要出远门时，亲人总会包一顿送别的饺子，希望出门在外的人顺顺利利。

（3）关乎民间信仰的花馍

提到花馍，山西的花馍可谓首屈一指，无论是形态还是大小，山西花馍都足以让人瞠目结舌。花馍在山西虽然是作为一种物质形式存在的,但其背后却有丰富的文化内涵,它伴随着勤劳朴实的山西人共同生长。花馍礼俗产生于传统社会,是特定族群对当地食物资源的一种深层挖掘与应用。具有丰富的象征内蕴与符号意义,是民众在岁时节日和人生仪礼中用于人与"神"、人与祖先以及人与人之间沟通的媒介。在民众看来,花馍不仅仅是一种物质食粮,更重要的是一种精神食粮,借助花馍礼俗建构了他们的信仰世界与现实世界。

(二)山西面食文化的民俗传承与创新

1. 面食的传承

(1)血缘传承

人类最基本的关系就是血缘关系,而民俗生活就是发生发展在有血缘关系的家庭中,生活生产方式的耳濡目染,劳动技能的传授,总是轻而易举的实现。原平的面食文化丰富,最好吃的面食往往在寻常百姓家,面食文化的传承自然是在家庭中进行,"由长辈传给晚辈,有一点祖承、家传的性质"[①]。家庭的传承是原平面食民俗得以延续的最重要因素。大人们做饭的时候,随手丢一小块儿面给孩子,他就能捏来捏去,玩儿好久。小孩子在玩耍的过程中也无意识地得到这一技能,这是来自家庭的传承最直接最常见的传承方式。最吸引孩子的就是面塑,在原平,过年家家都要"蒸供献",大人们热火朝天地"蒸供献"时,小孩子自然也会对这一活动感兴趣。

(2)地缘传承

地缘传承是指在特定生活地域内进行的传承。随着文化的融合,人口流动的频繁,外来人带来了不同于原平本土的面食,这样也无形中扩大了面食的地缘传承。比如嫁进原平的媳妇和走出原平的姑娘们,她们也一定会有意无意地传承原平面食习俗。人来人往带动了美食的流动,也带动着美食的传承。不论是什么样的传承方式,都表达了原平人对于面食文化的认同。因为认同而传承,也因为传承着,所以更加认同。

(3)社会传承

从古至今,山西人民在经历大规模的人口迁移的同时,也将农耕文明

---

① 刘守华,陈建宪,主编. 民间文学教程[M]. 武汉:华中师范大学出版社,2002:160.

的结晶带到南北东西，他们随身携带的生产技术和生活习惯影响着迁入地的居民，从客观上丰富着迁入地的饮食生活，促进当地饮食品种与口味的增多。另一方面，晋商的足迹遍布祖国大江南北，他们的行走促进了山西面食的发展，他们也在努力地将山西的文化传播出去，或是有意，或是无意。饮食都能以最朴素的方式被带到全国各地，与此同时，山西人在迁移或经商进入不同饮食文化区时，也会被当地文化所影响，慢慢地适应当地的饮食生活习惯。

面食的传播是不局限于地域的，山西人能到达的地方就会带动面食的传承，山西人的大量入迁使山西面食走向市场，这成为面食文化传播的重要手段。虽然不能说山西是面食文化的源头，但山西面食在面食文化圈的影响力是巨大的。

2. 面食的创新发展演变

（1）市场经济驱动下的面食

山西面食的长足发展增加了山西各地人民的文化自豪感并认同自己的文化，也将更关注生活常态下的点点滴滴。"食品文化是流动的，处于内部或外部多元、多渠道、多层面的持续不断的传播、渗透、吸收、整合、流变之中。"[1]山西刀削面是山西面食中名声最响亮的一种，市场上不仅有专门的山西刀削面面馆，各大面馆绝不会少的也是山西刀削面，而且山西刀削面已经有了像方便面一样精致的包装与简捷的食用方法，这在山西其他面食中是很少见的。山西面食绝不是孤芳自赏的，它也在试图走出三晋大地，让面食精神感染更多的美食家，只有不断地与外界交流，文化才能传播出去，在交流中丰富与学习，面食文化才能长久地立足于文化潮流中。比如，原平"锅魁"在积极适应市场经济的过程中，闯出了一条合适的发展通路，原本单一的品种发展到现在已有十余种，不仅驰名三晋，而且远销内蒙古和京津杭地区，备受人们的青睐。现在它不仅是原平的传统美食，而且成为一种产品，带动了一大批人增收致富。

（2）融合于旅游业的面食

虽然随着市场经济的发展，面食文化已经渗入到海内外各地，但并不

---

[1] 庞杰. 食品文化概论[M]. 北京：化学工业出版社，2009：216.

影响原产地文化的正宗性。饮食文化在融合于旅游时会散发独特的吸引力，饮食与旅游相得益彰，互相促进，彼此繁荣。人们选择什么样的地方旅游，不仅仅是基于对美景的追求，更大程度上是对当地文化的向往。人文与饮食都是文化的重要组成部分，而通过美食了解一座城市往往是更直接的方式。不同地域有各自独特的饮食习惯，饮食习惯的形成与当地的自然环境、民俗生活密切相关，因此异于他处的文化习俗成为吸引游客的必备条件。

山西拥有丰厚的文化底蕴，近年来也在大力发展旅游业，宣扬山西面食文化，试图让山西面食走出一条合适的发展路径。政府搭台，文化唱戏，每年的"山西面食文化节"汇聚了山西各地的不同面食，吸引着海内外游客慕名前来，在旅游中品尝佳肴，在品尝中体会文化，旅游是心灵上的放松，美食是味蕾的享受。文化节上名厨的现场表演、精美面食的展示都能让游客切实感受到山西面食文化历史的厚重，不仅扩大了山西面食的知名度，还促进了饮食经济的发展。

（3）节庆文化需求下的面食

提到节庆，"吃"必不可少，节庆饮食的变化与社会大众的日常生活和风俗习惯等多种元素之间有着重要关联。受全球化市场经济的冲击，传统的节庆美食在新时代有了新的变化，比如现在的小孩子不再哭着闹着蹲在"河捞"摊前不肯走，他们更热衷于汉堡薯条，可即便是这样，"河捞"依旧是原平人赶会时最希望看到的存在，它是一种时间的记忆，是一种情怀。熟悉的味道萦绕在鼻尖，这场赶会就还是人们期盼的样子，特殊节庆的饮食不仅仅是饮食文化，同时还是节庆文化和传统民俗文化孕育的结晶。

庙会一路行走一路演变，从祈祷性的功能慢慢演化为娱乐性的节日，说明人们的物质生活水平在节节攀升，摆脱了靠天吃饭的困境，传统庙会也更大程度上由娱神向娱人转化，庙会多了平时吃不到的食物和娱乐项目，创造了大批商机。

第六章 晋商文化精神的传承与创新

晋商是指活跃于明清时期的山西商人。他们前后称雄中国商界五个多世纪，这在世界商业史上也十分罕见。山西商人，商路遥远，汇通天下，曾在中国历史上显赫一时。在明清两代五百余年的时间里，山西商人的经营足迹遍布海内外。不仅全国各地均有山西商人开设的商号、票号，而且北达莫斯科，甚至更远的欧洲腹地，西至中亚，东通日本，南到南亚各地。山西商人拥有的财富，被誉为"海内最富"。现在，虽然晋商已经消逝，却给我们留下了深厚而弥久的晋商文化。

一、晋商文化精神的基本内涵

晋商是对明清时期从事商业经营贸易而形成的具有山西地域特色的商人的简称。[1]晋商作为中国古代商业成功之典范，在明清约五百年的经商过程中创造了辉煌的成就，曾一度成为中国第一大商帮。晋商受到儒家思想文化的深刻影响，在日常生活和商业交流活动中，逐渐形成了自己的价值思想和文化精神。[2]晋商精神的基本内涵可以概括为以下五个方面。

（一）勤俭节约、爱岗敬业的精神

晋商的成功首先要归功于其具有的勤俭节约、爱岗敬业的优秀品质。克勤于邦，可俭于家，是中国数千年来一贯提倡的节俭作风。晋人有俗语道："勤劳就是摇钱树，节俭犹如聚宝盆。"晋商将勤俭作为黄金本，"一粥一饭，当思来处不易；半丝半缕，恒念物力维艰"（清朱柏庐《朱子家训》）等都是晋商勤俭作风的真实写照。山西各地县州府志中大都有"民性质朴，

---

[1] 张正明. 明清晋商及民风[M]. 北京：人民出版社，2003：16.
[2] 高倚云. 明清晋商文化传统、制度绩效与路径依赖[M]. 北京：经济出版社，2011：74.

好尚节俭"的记载,《祁县志》中有:"勤者生财之道,俭者用财之道。圣人教之,不越乎勤俭而已。"[1] 晋商的勤俭之风既是对中国传统文化的继承和发扬,也是山西特色地域文化的生动体现。山西人的勤俭之风主要是由恶劣的自然环境和人多地少的社会环境所造就的。山西的地理位置比较特殊,地处黄土高原,地貌复杂,境内山多川少,气候干燥,十年九旱、地瘠民贫,农业生产落后。而山西又地处中原地区与北方少数民族聚集地的中间地带,人口较多,由此,勤劳智慧的山西人开始摆脱农业生产,用自己坚韧的毅力开辟出自主创业的经商之路。晋商中最先创业之人,大都出身于贫苦农家。恶劣的自然条件、严酷的社会条件磨炼出了他们勤俭节约、吃苦耐劳的精神品质。他们不畏艰险,万里行贾,尤其在开拓西北、东北各省以及中俄恰克图贸易商务中,他们"翻越千山万水,踏遍浩瀚沙漠,行边野不毛之地,风餐露宿,长途跋涉"[2],艰苦创业,勤俭持家,终于成为巨富的商家大贾。晋商勤俭节约的性格也为其形成爱岗敬业的精神提供了重要的条件。敬业,顾名思义就是尊重、热爱自己从事的职业,在自己的工作岗位任劳任怨。晋商以其坚强的毅力克服重重困难从事商业经营,尽管当时主流的观念是重儒轻商,商人在等级排列中处于末位一级,但晋商仍将商业作为其终生的事业,并且世代传承、弘扬和发展。在明清晋商看来,良商与士儒应处于平等地位,都是受伦理道德影响与制约,因此并无高低贵贱之分,都应该受到尊敬。晋商崇商敬业的价值理念和人生取向为其成就商业大计提供了重要的精神支撑。著名的晋商常家对自己的生意一直恪守儒教的敬业精神。

(二)不懈进取、勇于创新的精神

源于中华优秀传统文化的自强不息、坚韧不拔的精神,在三晋大地上凝聚成了山西人生生不息、艰苦创业的精神力量。贫苦的山西人正是凭借着这样一股力量,不畏艰辛,勇往直前,从贫瘠的黄土地走出去,用自身强健的筋骨闯出了一条摆脱贫困的大道。山西商人的起步无一例外地都是从最小的生意做起。例如,作为晋商的典范,乔家的成功并非是一帆风顺的,

---

[1] 晋商研究协会编. 晋商史料全览·祁县志[M]. 太原:山西人民出版社,2006:548.
[2] 张正明. 晋商与传统文化[M]. 北京:世界图书出版社,1998:108.

山西优秀传统文化的传承与创新研究

同样是迫于生计，乔家始祖乔贵发独自踏上走西口的道路。乔贵发在口外从伙计做起，当自身积累一定财富的时候，走上了自身创业的道路，从手推三轮磨豆腐卖豆芽的小生意做起，坚定艰苦奋斗的理想信念，一步一步从小作坊壮大为"复盛公"，并将这种勇于进取，不懈奋斗的品质传于后代。正是有乔贵发这种不懈进取的毅力与信念的鼓舞，才有乔家大院几百年的辉煌，才有乔致庸的汇通天下。明清之际的晋商经过走西口的艰难之路，凭借勇气与毅力造就了商业的辉煌，他们在商业之旅中处处把握先机，努力开拓进取，他们从事过盐、铁、粮、棉、皮、毛、木材、颜料、旱烟等各类经营项目的生意，从中积累了丰富的经商经验，同时也塑造了晋商锲而不舍、敢为人先的精神品格。晋商能够开辟疏通"万里茶路"[①]，将自身经营的事业带出国门，将其商品远销蒙古、俄罗斯，辐射日本、朝鲜、韩国，甚至越过英吉利海峡到达英国首都伦敦，跨越欧亚两大洲，靠的正是山西商人勇于开拓的进取精神。山西商人的成功还在于他们善于解放思想，勇于创新的优良品质。古代封建社会一直推崇"学而优则仕"的价值理念，而晋商则打破传统的陈旧的价值理念，将"学而优则商"作为人生信条，在学习中不断创新，在创新中不断发展。不仅仅从价值理念上实现创新，在商业的经营管理中，晋商也能够不断地解放思想，他们逐步从朋合制和合伙制的经营模式中退出，独立创造出新的合作制度，为后来股份制的产生与发展奠定了坚实的基础。在创新的思维下，晋商严格执行"东掌制"，首创了福利员工的"身股制"[②]，充分体现了晋商东家对员工的极大信任，在很大程度上提升了员工工作的积极性，为晋商创造辉煌的成就提供了便利的条件。

（三）诚实守信、以义制利的精神

自古以来，诚信就是我们所追求的最基本的道德规范。《论语》中有："人而无信，不知其可也"（《论语·为政》）；荀子指出："言无常信，

---

① "万里茶路"：是继丝绸之路衰落之后，在亚欧大陆上兴起的以山西商人为主要构成力量的又一条重要国际商道。
② "身股制"：即不出资本而以人力顶一定数量的股份，参加分红，但不承担商号的亏赔责任。掌柜的股份由财东确定，号内各职能部门负责人、分号掌柜、伙友是否顶股，顶多少由掌柜去定，身股的多少随个人能力和效率的高低而变化。

行无常贞，惟利所在，无所不倾，若是则可谓小人矣"（《荀子·不苟》）；儒学大家朱熹认为："信犹五行之土，无定位，无成名，而水金木无不待是以生者。"（宋朱熹《宋臣名言录》）可见，诚实守信始终是我们中华优秀传统文化核心的道德观念。晋商之所以辉煌于中国商界五百年，驰骋欧亚，所依靠的正是诚实守信的道德信仰。晋商在其经商过程中始终铭记"和气生财、公平交易、童叟无欺、诚招天下客，誉从信中来"等信条，也正因如此，晋商才塑造了"诚商"的形象。晋商的诚信经营主要表现在其能够将商人的伦理道德与经济利益有机的融合，将诚实守信的道德规范转化为自身的经营价值观。首先，晋商将产品质量的可靠作为经营之本，将产品质量视为生命，他们坚信想要赢得更多的顾客，确保在市场上稳定发展，获得更多长远的利益就必须将产品质量放在首位。其次，晋商的诚信还表现在其做人方面，譬如，晋商中东家与掌柜、掌柜与伙计、东家与各相与大都以信任来维持相互之间的关系。以诚待人，信守承诺是中国传统美德，晋商也正是以这样的传统道德来作为自身的行为准则。正是有信义相交、坦诚相待的价值理念，晋商才能实现东家与各相与之间相互尊重，友好合作，互帮互助，才能实现掌柜全身心的为东家效劳，尽全力做好自己的工作。诚实守信为晋商实现几百年的辉煌成就奠定了坚实的道德基础。

（四）经世济民、同舟共济的精神

传统文化历来讲究团结一致，同舟共济，不论是在同行业的经商实践中，还是在民族大义，国家危难之时，晋商能够将儒家学说所倡导的"修身、齐家、治国、平天下"巧妙地结合起来，用实际行动将中华优秀传统文化中经世济民的价值诉求表现得淋漓尽致。孔子的"博施于民而能济众（《论语·雍也》）"，孟子的"亲亲而仁民，仁民而爱物"（《孟子·尽心章句上》），特别是清朝的顾炎武的"天下兴亡，匹夫有责"的价值理念对晋商影响很深，也正是在这种文化的影响下，晋商才得以形成了"经世济民"的价值诉求，并且他们将这种价值诉求融合于自身的经商实践之中，为其商业的繁荣昌盛奠定了重要的基础。晋商在他们的商业活动中不是单纯地谋求自己的一己之利，而是将社会担当放在第一位。晋商在积累一定的物质财富之后总是能够乐善好施，积极投身于社会公益事业。他们经常出资周济邻里，关心照顾孤老、扶危济贫,用他们的仁爱之心,救人于水火,送炭于雪中;他们修桥铺路,兴修水利,兴办学校,输粟助赈,资助刊印书文等,破一己之财,造福一方百姓,为家乡和国家培养栋梁之材。有关晋商经世济民的论述在古籍中记载颇多,榆次常家在清朝中后期"先后办起私塾17所,开创了当时山西一个家族办学最多的记录"[1]。清代永济人刘向楠由商致富,于村中办义学贫族子弟多有成就,光绪三、四年(1877年、1878年)岁歉,又输粟数十石,赈村人,各给银两使谋生,赖以全活。[2] 有记载,著名晋商乔家每天会在自己的大门外栓三头牛,供一些有需求的农民使用,在傍晚还回即可。对于周边有困难的邻里,晋商总是竭尽全力地帮助他们解决困难。晋商的经世济民还体现在对家乡父老的无私奉献。清朝光绪三年,山西全省发生了百年不遇的大旱,野无青草,赤地千里,庄稼颗粒无收。当时的山西巡抚曾国荃向全国告急,同时向其他省份发出求救,在调集粮款运往山西的同时,在山西境内不论是当时在家的富商还是行居于外省的晋商都积极地捐款赈灾。在当时山西各行各业中,山西的票号是受灾最小的,而且当时的山西票号正是发展的鼎盛时期,资金雄厚。因此,当时捐款数额最大的当属晋商中各大票号。晋商把经世济民、乐善好施的传统美德发扬光大,充分体现了晋商对儒家仁爱思想的践行,他们的经世济民、扶危济贫精神得到了国内广大人民的赞誉,同时在社会的各个方面也得到了认同与赞许,为当时晋商的发展起了重要的推动作用。

(五)民族振兴、忠义爱国的精神

晋商在经商过程中不仅乐善好施,经世济民,他们同时还有着积极的爱国热情。他们为民族的振兴,国家的强盛做出了突出的贡献。他们的"穷则独善其身,富则兼济天下"与"先天下之忧而忧,后天下之乐而乐"的爱国情怀在民族危亡,列强入侵的中国表现得极为突出。清朝后期,英国某公司通过腐败无能的清政府获得了盂县、满安、泽州、平定、平阳五处煤铁采矿权,光绪三十一年(1905年),晋商积极参加了山西商人的争回矿权运动,尤其是山西祁县富商渠本翘及各票号纷纷解囊,集资万两,从

---

[1] 张辉,白金. 山西商人的经商伦理道德初探[J]. 前进,1997(01):38.
[2] 张正明. 晋商与经营文化[M]. 北京:世界图书出版公司,1998:22.

英商手中赎回了山西煤权,保护了山西煤铁矿资源。[①]近代,在山河破碎、利权尽失的国难当头,三晋大地的商人们带领山西人民挺身而出群起抗争,发动了一场由山西文瀛湖畔点燃并迅速蔓延到陕、豫、鲁、川、滇以及东三省形成燎原之势的保矿运动,这场保矿运动声势浩大、参加人数之多前所未有。晋商以其民族振兴的决心与毅力再现了其强烈的爱国情怀,展现出了他们在国家危难之时舍我其谁的无畏精神,也正是晋商这种为国利民的爱国热情使他们能够在从事商业的道路上奋勇前行。

二、晋商文化精神传承与创新的路径

习近平指出:"一种价值观要真正发挥作用,必须融入社会生活,让人们在实践中感知它、领悟它。要注意把我们所提倡的与人们日常生活紧密联系起来,在落细、落小、落实上下功夫。"[②]作为中华传统文化的重要组成部分,晋商文化精神中优秀的道德品质和进步的价值理念同样需要融入社会道德教育建设、融入学校道德教育建设、融入家庭道德教育建设,在传承的过程中发挥其潜移默化、润物无声的教化作用,将人们对其认同的价值内涵转化为培育社会主义核心价值观的丰富滋养。

(一)构建符合时代要求的传播平台

1. 以微信息资源为载体宣传晋商精神

伴随着互联网的迅猛发展和新兴媒体迅速普及,内容短小丰富、形式多样开放的微信息资源以其传播速度快,储存成本低的优势逐渐占据了中国市场,为信息的传递、文化的传承,思想的交流提供了便捷的通道。尤其是微信、QQ、微博等新兴媒介的产生,更是将生动而丰富、形象而具体的微信息传播到广大群众之中,使得更多群众能够以通俗易懂的形式获取有用的信息,及时掌握时政要闻,社会变化,增强了人民参与国家、社会事务的责任感。党的十八大以来,习近平总书记高度重视中华优秀传统文化传承,重视社会主义核心价值观的培育与弘扬,更是将其提到国家重点战略任务的高度。晋商精神是中华传统优秀文化的重要组成部分,当前我

---

① 张正明. 晋商兴衰史 [M]. 太原:山西古籍出版社,2001:256.
② 习近平. 习近平谈治国理政 [M]. 北京:外文出版社,2014:165.

们传承晋商精神，社会新媒体要用好微信息资源这个有效的途径，将晋商精神融入微信息资源中，以新媒体为载体将其传播于人民群众中，使人们更加具体形象地认识到晋商精神的本质，认识到晋商精神与社会主义核心价值观的关系，进而为更好地弘扬社会主义核心价值观奠定坚实的基础；将凝练后的晋商精神寓于微信息中，以专家解读或新闻宣传等方式将晋商精神与中华优秀传统文化、与社会主义核心价值观的关系展现于新媒体中，为人们传承晋商精神提供重要的理论依据；同时利用好微信、微博、QQ等软件的开放性特征，通过开辟公众号的形式将晋商故事、晋商精神得以展现，譬如，创建"晋商""晋商文化""世界晋商网"等公众号，展现丰富而多样的晋商大院、晋商家训以及晋商艰辛的创业历程，凝练出内涵深厚的晋商精神，使广大人民群众深刻认识到晋商精神所蕴含的重要思想价值，自觉以晋商为榜样，以晋商精神为指导，积极的培育和践行社会主义核心价值观。

2. 以文艺作品为载体传承晋商精神

晋商精神作为一种意识范畴，是一种抽象的、深邃的价值思想，对于知识分子来说易于理解，要得到广大人民群众的认同，还需要将其与人民大众所喜闻乐见，易于接受的文艺作品相结合。习近平指出："文艺是铸造灵魂的工程，文艺工作者是灵魂的工程师。"[①] 号召："广大文艺工作者要高扬社会主义核心价值观的旗帜，充分认识肩上的责任，把社会主义核心价值观生动活泼、活灵活现地体现在文艺创作之中，用栩栩如生的作品形象告诉人们什么是应该肯定和赞扬的，什么是必须反对和否定的，做到春风化雨、润物无声。"[②] 近年来山西省响应党中央建设文化强省的号召，创作了一系列宣传晋商文化、传承晋商精神的优秀文艺作品。譬如：山西晋剧院新编晋剧《日升昌票号》以中国票号鼻祖山西平遥日升昌票号为原型，通过"票号建制""诚信经营""筹措均需""以德报怨"四个票号发展故事生动有趣地再现了"诚实守信、开拓进取、和衷共济、务实经营、经世济民"的晋商精神，为广大人民群众带来一场丰富的文化盛宴。张继刚导演执导的大型歌剧《一把酸枣》，以一个刻骨铭心的爱情故事为线索

---

① 习近平. 在文艺工作座谈会上的讲话[M]. 北京：人民出版社，2015：23.
② 习近平. 在文艺工作座谈会上的讲话[M]. 北京：人民出版社，2015：23.

展现了晋商勤劳、进取、诚信、智慧的价值取向,创造性地通过歌剧的形式展现了晋商文化、晋商精神的博大精深。该剧一经演出就获得了人民群众一致好评。被业界誉为"新世纪中国话剧里程牌"的现实主义话剧《立秋》,则从其表现形式与表演内容上再现了晋商百年辉煌历史,塑造了山西商人勤奋、敬业、谨慎、诚信的精神品质,展现了"天地生人,有一人应有一人之业;人生在世,生一日当尽一日之勤"的晋商祖训,以其通俗易懂的方式吸引了广大受众,得到了广大人民群众的广泛认同。这些优秀的文艺作品不仅带给了观众多重的艺术享受,同时也多角度展现了晋商文化、晋商精神深厚的思想精髓,展现了晋商优秀的道德品质,激发了广大人民群众传承中华优秀传统文化,培育践行社会主义核心价值观的无限热情,为社会营造良好的文化氛围,为弘扬社会主旋律,传播社会正能量提供了重要的途径。

3. 以影视作品为载体弘扬晋商精神

晋商精神走入大众视野,深入大众心中,晋商题材影视作品的传播起到了至关重要的作用。自20世纪90年代以来,晋商题材的影视作品如雨后春笋般出现,自1994年到2009年十五年间,电视剧出现了八部,而且每部都是精心打造的长篇巨著。电视剧《乔家大院》《走西口》和电影《白银帝国》获得了诸多荣誉,得到业界高度的评价和赞扬。这些影视作品都是以晋商真实的历史人物为原型而创作的,其中《乔家大院》和《走西口》成为当年央视的开年大戏呈现给全国人民。《乔家大院》通过展现一代传奇商人乔致庸弃儒从商,怀抱以商救民、以商富国的梦想,为实现"货通天下""汇通天下"的理想而不懈奋斗的故事,再现了晋商诚信义利、创新进取、克勤克俭的价值思想。《走西口》通过展现两位山西青年在家乡遭遇自然灾害后走西口,外出经商而发家致富的故事,再现了山西人用血泪、坚韧铸就辉煌成就的拼搏精神,再现了以"仁、义、礼、智、信"为祖训,做事勇于担当、胸怀天下的胸襟和忠义爱国的品德。任何一部影视作品都代表着一个群体甚至一个国家的意识形态,对观众有着潜移默化的影响。以晋商为题材的优秀影视作品以展现晋商精神为价值导向,潜移默化地向广大人民群众传递了古老晋商诚信义利、与人为善、开拓进取、同舟共济等崇高的价值观,以形象生动的剧情给予了人们思想和精神上的洗礼,为广大人民群众树立正确的价值观,培养积极向上的人生态度指明了方向,为当前社会主义核心价值观的培育和践行提供了价值指导。

4. 以旅游资源为载体传承晋商精神

晋商在辉煌之后遗留下的丰厚而宝贵的历史遗产不仅将晋商文化带入了人们的视野,也为其背后蕴藏的晋商精神被挖掘提供了可能。习近平总书记指出:"要系统梳理传统文化资源,让收藏在禁宫里的文物、陈列在广阔大地上的遗产、书写在古籍里的文字都活起来。"[1]陈列在山西大地上的有形的晋商文化遗产为中华传统文化的传承提供了途径。开展以晋商文化为主题的旅游活动不仅可以使广大人民群众切切实实地体会到晋商文化的无限魅力,更重要的是能够从晋商文化背后所蕴含的晋商精神中为自身道德修养的塑造汲取丰富的养分,为社会主义核心价值观的弘扬与践行提供了重要的素材。

大院文化是晋商文化的具体体现,大院文化更是晋商精神的外在标志,有着重要的历史意义,是历史的"活化石"。晋商大院作为最具代表性的晋商文化旅游资源主要以丰富多样的建筑为载体展现大院文化的博大精深,晋商曾经的繁华积淀于这些大院群落之中,同时也将晋商成功秘诀藏于其中,这就是内涵深厚的晋商精神。晋商精神在晋商大院中随处可见,从牌匾到楹联,从家规到祖训,无不展现着晋商精神的无限魅力。山西晋中祁县的乔家大院是众多晋商大院中的典型代表,其宏伟的建筑风格充分展现着儒家的道德伦理,体现着深厚的晋商精神。乔家大院的牌匾很多,大多都具有其特殊的意义。"身备六行""月一枫阁"反映了乔家的为人处事之道。乔家大院的"在中堂"则表现了乔致庸为人处事所秉承的中庸之道,还有其他门匾如"慎俭德""为善最乐""居之安""建乃家"等均有深刻的寓意,体现着乔家经商、为人、处世之道。晋商精神还体现于大院的对联之中,如"子孙贤,族将大;兄弟睦,家之肥",字里行间表露出了仁爱忠义、儒雅谦和的做人准则。清朝大臣左宗棠题赠楹联"损人欲以复天理,蓄道德而能文章"表现出了以和为贵、心志淡泊的中庸之道。在丰富的晋商大院中这样的楹联有很多,大多都体现了晋商在做人、经商上所秉承的儒家风范和

---

[1] 习近平. 习近平谈治国理政[M]. 北京: 外文出版社, 2014: 161.

诚信义利的道德观念。以晋商大院为主体的晋商文化旅游资源不仅是传承晋商文化的载体，更是传承和弘扬晋商精神的载体，工作人员在向游客介绍晋商大院发展历史的同时，更重要的是要将这些物质遗产背后宝贵的精神财富传递给游客，要让广大游客在享受旅游的快乐之中能够深深地感受到晋商精神的魅力所在，并能够将晋商精神的深厚内涵与自身实践相结合，在了解晋商文化的同时，借助晋商精神来完善自身道德修养，推动自身核心价值观的形成与发展。现开发的晋商旅游景点大多都有实践体验项目，即模拟晋商的经商活动。游客也可以通过亲自参与体验活动，通过再现晋商艰苦创业的经商历程，从中深刻感悟晋商精神中开拓进取、以义制利、诚信经营、与人为善、同舟共济的优秀道德品质，进而更加具体的提升自身道德修养，更鲜明地培育和践行社会主义核心价值观。

（二）将晋商精神融入学校教育

晋商精神是社会主义核心价值观培育践行的重要思想渊源，学校教育是弘扬培育社会主义核心价值观的重要途径，因此将晋商精神作为山西各级学校培养学生道德修养的重要内容不仅对传承晋商精神，提升学生人文素养有着重要的作用，而且也能够为践行社会主义核心价值观提供重要的精神指导。在各级学校的思想道德教育中，坚持正面引导、理论联系实际、继承与摒弃相结合的指导原则，通过营造弘扬晋商精神的特色校园文化氛围、组织开展弘扬晋商精神的校园文化活动、组织开设传承晋商精神的专业课程和专题讲座等途径来教育和引导各级学校学生深刻认识晋商精神的无限魅力，认识弘扬社会主义核心价值观的思想渊源，能够为提升学生道德素质，弘扬中华优秀传统文化，培育和践行社会主义核心价值观提供重要的精神动力。

1. 营造弘扬晋商精神的特色校园文化氛围

校园氛围是一个学校全体师生经过长期积淀而形成的校园文化精神，是每个学校文化传承的重要形式。山西地方学校身处具有深厚晋商文化的三晋大地，以传统晋商精神蕴含的优秀品质为载体营造特色的校园文化氛围，不仅能够促使广大师生积极地参与到传承晋商精神活动的过程中，更能够潜移默化的提升自身道德观念和道德行为，更好地推动社会主义核心价值观的培育与践行。

营造浓厚的校园文化，首先应充分利用好学校的各种宣传方式，在校园门口、教室里、宿舍楼等显而易见的地方将晋商故事以及晋商精神以标语、横幅、绘画、书法等形式展现出来。同时，山西各级学校也可以将传统晋商文化及晋商精神充分展现于现代传播媒体中，比如，在校园网、校园论坛贴吧中开设关于传承晋商精神的专栏，通过文字、图片、视频等方式介绍乔致庸、雷履泰等传统晋商典型人物及其创业经商历程，引导学生了解晋商历史，学习晋商精神中的艰苦奋斗观、诚信义利观、忠义爱国观；将《乔家大院》《走西口》等晋商影视作品在校园电视中循环播放；在学校教学楼、餐厅、图书馆、办公大楼等师生出入频繁的场所设立电子公告屏，发布传统晋商文化相关图文宣传信息。通过营造浓厚的校园文化氛围，不仅可以丰富学生的课余生活，更重要的是让学生在学习和生活中感受到晋商精神的无限魅力，激励他们在学习中要有艰苦奋斗的热情、在日常生活中要培养勤俭节约的品质，在与人交往中要树立诚信义利的意识，从而潜移默化地达到培育社会主义核心价值观的目的。

2. 组织开展弘扬晋商精神的校园文化活动

在各级学校中，校园文化活动是发挥学生主动性，培养学生独立能力的重要形式，也是提升学生文化素养，培育践行社会主义核心价值观的有效途径。山西各级各类学校依托晋商文化和晋商精神所举办的各种校园文化活动对学生社会主义核心价值观的弘扬与践行有着非常重要的作用。例如：晋中学院成立晋商文化协会，利用讲座、电影、参观晋商遗址遗迹等多种形式开展丰富多彩的活动，广泛宣传晋商的诚信、敬业、艰苦、勤奋、进取、创新精神，并向学生传播诚信义利的价值观，为学生树立正确的世界观、人生观提供了具体而生动的素材。山西大学商务学院每年会定期开展以"传承晋商精神、弘扬晋商文化、服务地方经济、培养新晋商人才"为主题的晋商文化月活动。在文化月活动期间，社团通会过绘制宣传展板，在校园内宣传晋商文化小知识，举行才艺大赛及征文比赛等多样化活动来让更多同学参与到晋商精神的学习中。山西财经大学学生会专门成立话剧《立秋》剧组，从2008年开始至今，一代代的财大学子排演《立秋》已经整整十年，每年在新生军训期间学校都会组织新生集体观看《立秋》。年轻的财大学子们将一个个牵动人心、感人至深的人物形象塑造得淋漓尽致，将"勤奋、敬业、谨慎、诚信"的晋商精神刻画得入木三分，精彩的表演不仅让参演的学生们能够深刻体会到晋商精神的价值，也让观看演出的同学们感受到了晋商精神的魅力。

山西各级学校通过举办各种各样的晋商文化活动，不仅使学生们锻炼了才能，丰富了课余生活，而且提升了自身的道德素质，推动了家国一体的价值观、以义制利的诚信观、勇于开拓的发展观的形成。通过举办文化活动也使得中国传统文化得到了创造性的转化和创新性的发展，更加具体形象地将社会主义核心价值观深入渗透到了学生的生活中，强化了学生们对社会主义核心价值观的情感认同，进一步激发了他们践行社会主义核心价值观的热情。

3. 将晋商精神融入学校思想政治理论课的教学内容

各级学校的思想政治理论课是学生接受社会主义核心价值观教育的重要渠道，从小学到大学的各个阶段，思想政治理论课一直是贯穿学生学习的基础理论课程。将晋商精神与社会主义核心价值观相结合，融入各阶段思想政治理论课程中，使学生深刻理解晋商精神内涵，强化对社会主义核心价值观的理解。晋商精神是山西商人从商实践所积淀的优秀道德思想，其蕴含的精神品质为学校思想政治理论课的内容提供了具体素材。譬如在讲授"毛泽东思想和中国特色社会主义理论体系概论"时，可以将晋商精神作为中华优秀传统文化的重要内容进行阐述，赋予其鲜活的时代内涵，将其与社会主义核心价值观教育相结合，使学生在传承晋商精神、弘扬中华传统美德的过程中更好的坚定文化自信，更好地践行社会主义核心价值观；在向学生讲授"思想道德修养与法律基础"过程中，可以将晋商不畏艰辛开通万里茶路，实现"货通天下"伟大理想的事迹和清末保矿救国、赈灾济民等爱国体恤事迹以故事案例的形式融于其中，融于社会主义核心价值观的教育中，不仅使学生能够深入学习道德修养知识，更能直观地理解与把握以爱国主义为核心的民族精神，激发学生浓厚的爱国热情。通过传递晋商精神中诚信义利、艰苦创业、团结协助、敬业奉献的优秀品质，不仅可以使学生直观的理解社会公德、职业道德、家庭美德和个人品德的道德规范要求，更有利于传承中华优秀传统文化，坚定学生理想信念，树立诚信意识，激发学生开拓进取的创新精神。

4. 组织开展弘扬晋商精神的专业课程和专题讲座

2017年，中共中央办公厅、国务院办公厅印发的《关于实施中华优秀传统文化传承发展工程的意见》提出，推动高校开设中华优秀传统文化必修课。晋商精神作为中华优秀传统文化的重要组成部分，开设晋商文化课程正是各级学校开展中华传统文化教育的具体体现。开设晋商文化、晋商精神的专业课程，不仅是推动中华优秀传统文化传承发展工程的需要，更是将晋商精神融入学生学习与生活，引导其树立正确道德修养，培育和践行社会主义核心价值观的要求。山西部分学校中为学生开设了晋商文化和晋商精神的专业必修课和专业选修课，诸如：山西大学开设了"晋商精神与现代管理""晋商文化研究"课程，山西财经大学开设了"晋商经典案例精选""晋商文化旅游"课程，山西师范大学开设了"晋商精神与创业管理""晋商文化"课程等。这些专业课程从各个角度展现了传统晋商经世济民、诚实守信、团结互助、开拓进取、敬业奉献的优秀道德品质，从润物无声中感染和熏陶学生，也为他们树立正确的价值思想和道德行为提供了理论上的指导，为培育和践行社会主义核心价值观提供了重要的理论支撑。在开设专业课的同时，学校还可邀请国内外、省内外著名的晋商研究学者到校对学生开展专题讲座教育，通过各位专家学者对晋商文化、晋商精神专题式的讲解，让学生更加详尽地了解晋商，了解晋商精神，为传承晋商精神，弘扬社会主义核心价值观提供更加权威的解读与指导。

5. 组织开展弘扬晋商精神的参观考察活动

知行合一是学校进行思想政治教育的根本目的。晋商精神不仅仅要在课堂的理论教育中隐形化地展现其价值，最为关键的是要让学生将其学到的理论外化到生活实践中，通过身体力行来感受晋商精神的优秀品质，践行社会主义核心价值观的深厚内涵。作为晋商精神、晋商文化的发源地，山西至今保存着众多的晋商遗址遗迹，而且随着时代的发展，更多晋商大院的开发、晋商博物馆的兴建，为中国乃至世界了解晋商文化提供了重要的窗口。当前，山西各级学校要顺势抓住机会，利用丰富的地域优势，组织学生参观晋商留下的遗址遗迹，走访晋商大院、平遥古城、晋商博物馆，更加具体化地理解从真实的建筑、文物、遗址中凝练出的晋商精神，让更多学生从参观晋商文化资源的过程中亲身感受晋商精神博大精深的内涵，从而激励他们自觉地树立和培育社会主义核心价值观；同时在参观的过程中要认真聆听工作人员的介绍，抓住机会，展开现场教学，引导学生深刻理解晋商精神形成的过程及其丰富内涵，进而增强学生对晋商精神的情感认同，强化他们的责任意识和道德意识，在反省自身的价值理念和行为模式中更好地践行社会主义核心价值观。

（三）将晋商精神融入山西家庭教育

家庭是社会的基本细胞，是连接国家、社会、个人的重要纽带，是培育和弘扬社会主义核心价值观的重要场所和基本阵地。良好的家庭教育对社会主义核心价值观的认知有内化意义，对社会主义核心价值观的践行有深化意义。习近平指出："不论时代发生多大变化，不论生活格局发生多大变化，我们都要重视家庭建设，注重家庭、注重家教、注重家风，紧密结合培育和弘扬社会主义核心价值观，发扬光大中华民族传统家庭美德，……"[①] 晋商精神蕴含的优秀精神品质为培育和弘扬社会主义核心价值观提供了重要的精神资源，在家庭教育中可以通过讲述晋商故事使培育社会主义核心价值观真正落小、落实，到达培育的实效。

1. 将晋商精神以言传的形式融入家庭教育

少年儿童是人的一生中思想极为纯洁的时期，由于他们的心智发育还不健全，对世界的认识还处于一种朦胧的状态，任何因素都可能会改变他们的道德观念，影响他们价值观的形成。因此在塑造人格的关键时刻，只有接受正确价值观的洗礼，才能使孩子真正建立起正确的道德理想，才能在瞬息变化的现代社会中立足。父母是孩子的第一任老师，家教是培养孩子正确价值观的基础性途径，因此，家长在孩子成长过程中要不断地灌输积极向上的价值观。晋商精神作为社会主义核心价值观重要的精神来源，其主要内涵蕴藏于晋商故事与晋商家训之中。家长可以通过向孩子讲晋商故事，讲述以乔致庸、雷履泰等晋商榜样的艰苦创业的经商历程，讲述他们勤俭节约的生活习性，讲述他们以诚经商、以义制利的从商经验，为孩

---

① 中共中央文献研究室编. 习近平关于全面建成小康社会论述摘编[M]. 北京：中央文献出版社，2016：121.

子从小树立艰苦奋斗、勤俭节约的道德品质、坚守诚实义利的道德准则奠定坚实的基础，同时开展晋商家训的诵读活动，引导孩子从晋商家训的经典中探寻与社会主义核心价值观相契合的道德素养。以晋商家训诵读为契机，弘扬和培育孩子们的社会主义核心价值观，强化他们的爱国情怀，树立诚实守信、与人为善的品质，增强他们的社会责任感，激励他们作为祖国的未来，要从小有志向、有梦想，热爱学习、热爱劳动，热爱自己的祖国，以自身的勤学奋进来践行社会主义核心价值观，用实现中华民族伟大复兴的中国梦来指引自己前进的方向。

2 将晋商精神以身教的形式融入家庭教育

家庭教育是一个人价值观形成的起点。包括晋商精神在内的优秀传统文化的弘扬，社会主义核心价值观的培育，家庭都是起点。父母的言传固然重要，但其身教更为重要。晋商精神不单单可以利用晋商故事、晋商家训等语言文字的形式来融入家庭教育，最重要的是要通过家长的实际行动来践行晋商精神，践行社会主义核心价值观，从而为孩子成长做人树立道德榜样。晋商通过培养艰苦勤奋、不懈进取的创业品质，坚守诚信义利、乐善好施的经商原则一步一步走向成功，他们用自己的实际行动为子女树立了为人处世的榜样。现代家长更应该将晋商的这种品质与社会主义核心价值观相结合渗透于自身的实践行动中，在工作中要坚守爱岗敬业的职业操守，在与他人相处中保持友善仁爱之心，在对待生活中要保持勤俭节约、艰苦奋斗的品质；对待长辈要尊敬爱戴，要体谅自己的父母，为父母排忧解难。家长对孩子的教育主要体现于自身润物无声的行为中，只有父母以身作则为孩子树立良好榜样，孩子才能够坚定自己的理想信念，树立正确的道德思想，能够正确地认识晋商精神的深厚内涵与思想价值，进而自觉地践行社会主义核心价值观。

3. 将晋商精神以实地参观的形式融入家庭教育

家长带孩子参观反映晋商精神的文化遗产，能够增加对晋商精神形成历史轨迹的感性认识。以晋商精神为载体开展家教建设，不仅要让孩子理解晋商精神的深厚内涵，更重要的是让其参与到体验晋商精神的活动中去，进一步深化其对晋商精神的感悟。家长带孩子到反映晋商精神的文化场所参观旅游，譬如，参观体现晋商精神的晋商大院、晋商博物馆，观看晋商各个时期文字记载、古代照片等，以具体形象的物质载体来强化孩子对晋商精神中艰苦奋斗、诚实守信、勤俭节约等精神的情感认同；带领孩子参加晋商文化旅游，认真观察晋商大院的建筑风格和布局、深刻体会建筑的楹联、对联所体现出的精神内涵，能进一步强化孩子对晋商家训与晋商故事的理解，深化孩子以古代晋商为榜样，发扬淳朴的晋商精神的决心，有利于推动他们树立诚信义利的价值观，培育艰苦奋斗精神，增强对国家的热爱，将社会主义核心价值观作为自己行为准则的正确指导，强化对社会主义核心价值观的学习与践行，让社会主义核心价值观更加具体形象的入脑、入心。用寓教于乐的方式展开晋商精神的研习，不仅是增强家庭的情感联系，推动家风家教建设的重要方式，更是提升孩子的道德修养，深化孩子对社会主义核心价值观深刻认知与践行的重要途径。

第七章 山西老区革命文化的保护与传承

山西老区革命文化是中华优秀传统文化的重要组成部分，它铸就了山西人民不屈的精神力量。尤其以吕梁精神、太行精神为代表的革命精神和以晋绥革命根据地为代表的革命遗址，深深影响着山西人民的思想价值观念。因此，做好山西老区革命文化的传承与发展，对于把山西建设成为文化强省、文化大省，对于山西的转型和发展，对于革命文化的传承和发展，对于增强文化自信具有重要的实践意义。

一、山西老区革命文化概述

（一）革命文化的内涵

"革命"一词在中国古代最早见于《周易·革卦·彖传》中，古代意义上的革命是指变革天命。所谓天命是指上天的意志，因为根据君权神授的理论，君主的权利是由上天授予的，变革天命就是改朝换代，就是君主权利的一种置换，是符合民意的一种体现。近代意义上的"革命"是从日本传入我国的。以孙中山为首的资产阶级革命派，实现了"革命"在新时代背景下含义的置换，在他那里，"革命"被赋予了现代的含义，对"革命"的理解借鉴了法国大革命所追求的目标和价值取向。法国大革命所追求的自由、平等、博爱也是国民大革命所追求的目标。在西方，不同时代的思想家都从政治方面和社会方面对"革命"进行界定，其中最具代表性的观点主要有以下四种：第一，革命的目的是为了实现大家所追求的正义和建立一种大家都共同维护的秩序；第二，革命是一种实现权利转移的方法；第三，革命是为了推翻旧世界，改变现状，建立一个崭新的世界；第四，革命的目的不是社会制度的完全变更，而是在不改变目前社会制度的前提

第七章 山西老区革命文化的保护与传承

下对社会进行局部的改革和变革。

全面地理解"革命"的含义必须了解马克思关于革命的基本观点。马克思和恩格斯在《德意志意识形态》中所提出设想——以一种生产方式为基础的各个时代彼此更迭。在这之后马克思致力于研究欧洲革命和美国革命，直到俄国十月革命的爆发验证了马克思、恩格斯始终坚持并从不背弃的一个信念，即伟大的变革（这里指的是革命）不可能在这里和那里个别地方发生，而应当是绝大多数工业国同时行动的结果。十月革命的胜利就是列宁创新"多国胜利学说"到"一国革命"的成功实践。十月革命胜利的消息传到中国，辛亥革命的爆发使得中国的知识分子认识到：只有革命，只有社会主义才能救中国，才能使中国摆脱半殖民地半封建的社会。"革命"理论为中国共产党的成立以及新民主主义革命和社会主义革命的胜利提供了理论支撑和实践范例。

文化是只有人类的参与才产生、形成和发展起来的特殊的社会现象和历史现象。一切文化都是有人的参与才形成的，文化的产生与每个时代生产方式的变革与生产力的发展水平息息相关。汉语中的"文"有天文和人文之意，主要是指一种现象，"化"有变化、造化之意，主要是指事物的性质发生了根本的改变。"文化"首次出现在同一句话中最早是在战国末年由儒生编辑的《易·贲卦·象传》一书中："观乎天文，以察时变；观乎人文，以化成天下。"文化即有"以人文教化天下"的含义。文化可以分为广义的文化和狭义的文化。"广义的文化与自然相对，它泛指人类所创造的一切文明成果，所以又被称为'大文化'。'大文化'又分为物质文化和精神文化。物质文化也称实体文化，它指的是人类用各种材料对自然加工而造成的器物的、技术的、非人格化的、客观的东西，……精神文化也称虚体文化，它指的是人类对自然进行加工或塑造自我过程中形成的用语言符号表现出来的精神的、人格的、主观的东西，……"[①] 狭义的文化特指人类的精神财富。文化是一种客观的自然存在与社会存在，主要以思想观念的形态表现出来，是人们在改造客观世界的过程中对客观现实在内心深处的一种反映，文化一经形成便由特定的人去传承，并在此基础上进

---

① 梁文冒. 新民主主义革命时期中国共产党人对传统文化的认识与实践研究[D]. 西安：陕西师范大学，2014：14.

行改造、创新和发展。文化作为一种人们共同认可和践行的共识，是人类社会生活的纽带和基础，是人类社会发展过程中一个重要的组成部分。

革命文化与文化两者之间是个性与共性、个别与一般、特殊与普遍的关系。革命文化从种属的划分上来看，属于文化的范畴。只是这种文化与社会政治革命相联系、相挂钩，是社会政治革命的产物。从宏观的角度看，革命文化是以革命为内核和主要特征的文化，它最大的特征就是其革命性。从微观的角度来看，革命文化的主体是中国共产党领导下的人民群众。因为中国共产党是我国一切事业的领导核心，人民群众是社会物质财富和精神财富的创造者。

从革命文化产生的时间来看，革命文化最早酝酿于20世纪初，形成于五四运动之后，成熟于新民主主义革命时期（即建党初期和大革命时期、土地革命时期、抗日战争时期和解放战争时期），确立于社会主义革命时期，继承、发展和创新于改革开放时期直至现在。

从革命文化发展的地位来看，在1949年新中国成立以前，革命文化是边缘的、区域的、非主流的文化。1949年新中国成立之后，革命文化完成了其地位和身份的转变，从边缘的、区域的、非主流的文化上升为官方的、全国的、主流的文化。其中在政治领域发挥的作用尤为突出。

从革命文化产生的渊源来看，革命文化是内生外化的结果。革命文化充分地吸收了中华优秀传统文化的精髓，是马克思主义理论与中国具体的革命实践相结合的产物，是马克思主义中国化的重要表现。同时，革命文化又是社会主义先进文化重要的理论来源，革命文化与中华优秀传统文化、社会主义先进文化共同组成了社会主义文化，体现了一种精神追求、精神力量、精神支柱和精神标识，是中华民族精神的鲜明体现和显著标志。

从革命文化的内容来看，主要包括两个方面，即革命文化由物质形态的文化和精神形态的文化两部分构成。物质形态的革命文化主要是历史遗留下来的遗址、遗迹、为纪念革命历史人物修建的纪念碑、纪念馆等实体形态的东西；精神形态的革命文化主要是革命历史人物在革命战争年代表现和遗留下来的革命精神、革命传统以及由他们制定出来的理论、方针、政策等。革命精神是革命文化内容的核心，也是留给后人的一笔精神财富。

革命文化的核心是革命精神，具体到山西，这些革命精神表现为在革命斗争年代形成的吕梁精神和太行精神；在新中国成立后的社会主义建设时期具体表现为大寨精神、申纪兰精神、李双良精神、赵雪芳精神、锡崖沟精神、石圪节精神和太旧精神等；在改革开放初期主要表现为右玉精神。所以，我们现在所说的革命文化更多的是革命年代的这些革命精神作为一种无形的力量带给我们潜移默化和深远持久的影响。

（二）山西老区革命文化的形成与发展

山西老区革命文化是一种区域革命文化，其形成与发展主要包括三个阶段：革命战争时期是山西老区革命文化的孕育阶段；新中国成立之后的社会主义建设时期是山西老区革命文化的发展阶段；改革开放之后是山西老区革命文化的进一步发展阶段。

1. 革命战争时期山西老区革命文化的孕育

新中国成立以前，山西主要形成了以吕梁革命精神和太行精神为核心的革命文化。而吕梁革命精神和太行革命精神的形成与其所处的特殊的地理环境、当时的时代背景以及中国共产党的领导密不可分。

太行山地跨北京、山西、河北、河南四省市，西接山西的黄土高原，东接华北平原，呈东北—西南走向，是中国东部地区的重要山脉和地理分界线（太行山是黄土高原和华北平原的分界线，也是中国地势二、三阶梯分界线之一）。太行山独特的地质地貌和气候特点使得太行山地区盛产花椒、小米、党参等农作物，并且形成了丰富的煤炭资源和其他矿产资源。从春秋战国直到明、清，两千多年间太行山地区一直烽火不息，"其中就有许多有名的战役都在这里展开，每一次都是为了国家、为了民族的战争，从而把太行山地区凝铸得更加刚毅庄严"[①]。

太行精神是依托太行山这一特殊的地理背景，在抗日战争的革命实践中形成和发展起来的。由于太行山地跨山西、北京、河北、河南四省，所以太行山区主要包括山西的东部，河北的西部、河南的西南部等地区。太行山素有"表里河山"之称，是华北重要的战略要地，加上太行山特殊的地理位置，使得太行山成为一个能够开展游击战争的理想之地。抗日战争爆发以后，1937年11月，太原失守，整个华北地区陷入混乱。这时，在

---

① 宋广敏. 太行精神的形成及其当代价值研究 [D]. 晋中：山西农业大学，2015：8.

党中央和毛泽东的正确战略部署以及中共中央北方局的直接指挥下，由刘少奇领导的北方局开赴山西，进行整个华北地区的工作，主要的任务是：进一步建立和扩大华北的抗日民族统一战线，在山西境内开展独立的游击战争，创建敌后抗日根据地。之后，中共中央北方局机关先后移驻山西的临汾、孝义、武乡和辽县（今左权县）等地，以山西为中心来领导和开展整个华北地区党的工作和敌后抗日工作。

首先，在抗战初期，八路军总部和中共中央北方局在太行山建立了晋绥、晋察冀、晋西南和晋冀鲁豫四个抗日根据地。山西主要是以晋绥和晋西南根据地为基础开展之后的抗日武装工作。1937年9月24日，在山西灵丘，一一五师的平型关大捷，是抗战以来八路军取得的第一次胜利，扭转了华北地区正面战场的战局，打出了八路军的雄威，也打破了日本侵略者"一个月拿下山西，三个月灭亡中国"的妄想。1937年10月上旬，在山西忻州的忻口战役是在台儿庄战役之前国共配合作战最成功的一次战例。这次战争成功地保卫了太原，八路军在此次战役中积极打击和牵制敌人，为抗日战争做出了重要的贡献。1941年冬在山西黎城县发生的黄崖洞保卫战，在山西境内创造了以少胜多、以弱胜强的成功范例，成功地保住了兵工厂人员、设备和材料的安全。此外，八路军在山西境内进行的其他战役也对整个华北地区的抗日战争做出了突出的贡献。其次，山西境内的人民对太行山区抗日战争的胜利做出了无私的奉献。这突出地表现在八路军与当地的人民群众紧密地配合。中国共产党积极地动员、组织与发动群众，当地的群众也积极地配合根据地的工作。面对日本侵略者、国民党军阀和地方武装的三重压迫以及严重的自然灾害，中国共产党带领根据地的人民进行大生产运动，一边斗争一边生产。从八路军的高级将领到地方干部再到普通的老百姓，都在种地、纺线，军民一心共渡难关，这些都是太行山区的山西儿女为抗日战争做出的努力和奉献。

吕梁山脉位于中国西北部、山西中部的吕梁市境内，呈东北——西南走向，是与太行山脉并列的山西两大山脉。吕梁在春秋为晋国的疆土，在战国为赵君所管辖，也是兵家必争之地。特殊的地理位置使得吕梁成为我国抗日战争时期和解放战争时期的重要战略要地，为我国的抗日战争和解放战争的胜利做出了突出的贡献。1935年12月，瓦窑堡会议召开。会议指出，

第七章 山西老区革命文化的保护与传承

要巩固与扩大现有的苏区，随即中共中央做出东渡黄河的决定。1936年2月，中国的工农红军先锋队东渡到今日的吕梁境内，进行了70余天的革命活动，使得吕梁成为红军东征进行抗日活动的主战场，也为后来八路军进行全面抗日打下了坚实的基础。中国人民红军抗日先锋军进入山西吕梁之后，积极开展地方工作，最重要的就是在山西境内建立了第一个红色政权，即在今柳林县三交镇建立了第一个苏维埃革命委员会，随后又建立了多个苏维埃政权组织。由于东征的时间介于土地革命时期和抗日战争时期的交替之时，所以它同时兼具这两个时期的特征，是把国内战争和民族战争相结合的具体实践，有力地促成了抗日民族统一战线的形成与发展。红军东征宣传了抗日的主张，在吕梁、太行山区乃至山西播下了革命的火种，为山西广大军民的抗日打下了良好的基础。

1937年，太原失守，在华北以国民党为首的正面战场的作战已经结束，游击战占据主导地位，成为作战的主要形式。这一时期他们在山西的主要任务是开展游击战争和建立抗日民主根据地，但是这一时期的任务遭到国民党反动派的阻挠，在国民党的第一次反共高潮中，以阎锡山为首的国民党反动派在山西西部发动了震惊中外的"晋西事变"，最终在八路军、新军和根据地人民的顽强抗争下，以阎锡山顽固派的失败而告终。在这之后，为了争取山西时局的进一步好转，中国共产党积极促成与阎锡山的继续团结抗战，目的是为了使山西西北部的反共势力得到瓦解和肃清。同时为了使目前的局势得到迅速的稳定，巩固和建设党领导下的抗日根据地，中国共产党便立即着手建立健全新的党、政、军组织以及统一的群众组织机构。从1940年开始，在吕梁的南部区域和北部区域相后建立了1个战略区组织和5个地级组织（北部：以兴县为中心成立了晋西北一分区；以临县为中心的四分区；以交城为中心的八分区；南部：中共汾孝中心县委、中共汾平介孝工委、中共沿河工委、中共沿河地委、中共河东工委等），吕梁的抗日根据地逐渐发展、扩大和巩固起来，成为当时中共中央和中央军委连接华北、东北、华东各战略地区的枢纽地带。

1937年，日军侵入吕梁后，对吕梁人民进行了惨无人道的杀戮，制造了数百起惨案。据不完全统计，有完整资料记录的大型惨案就有10多起。中小型惨案不计其数。同时，日军还对吕梁人民进行残酷地集中"扫荡"和"治安强化",使得吕梁的抗日根据地进入极度困难的时期。面对敌人的残暴,吕梁军民并没有被困难打倒,也没有在困难面前屈服,在中国共产党的领导下,吕梁军民同仇敌忾,同日本人展开了英勇的斗争,沉重地打击了日本侵略者。在这期间发生的著名的战役有田家会歼灭战和甄家庄歼灭战,之后吕梁军民在党的领导下从被动侵略转为主动反击,使得根据地的形势取得了很大的好转。

吕梁人民无私奉献的精神也对中国抗日战争的胜利做出了巨大贡献。这种无私奉献表现在吕梁人民在人力、物力、财力三个方面对根据地建设和陕甘宁边区的帮助、支持与援助。人力方面主要表现为根据地的吕梁儿女,积极参军参战,他们不怕牺牲,奔赴抗日战争的最前线与敌人进行英勇的斗争。八路军主力部队人数的增加与吕梁儿女积极的支援是密不可分的。在物力和财力方面,包括一些爱国士绅、工人和农民在内的吕梁人民都尽自己最大的力量支援战争,帮助抗日根据地顺利地渡过难关,为抗日战争的全面胜利做出了无私的奉献。此外,吕梁还涌现出了许多的英雄儿女,如革命先驱张叔平、早期的革命家贺昌、抗日英雄蒋三和革命英雄刘胡兰,他们都为抗日战争的胜利做出了英勇的牺牲。

以吕梁的兴县为例。兴县作为抗日战争时期晋绥边区党政军机关所在地,为抗日根据地的巩固和抗日战争的胜利奠定了坚实的基础。兴县作为晋绥边区的首府,被人称为晋西北的"小延安"。1940年"晋西事变"之后兴县成为晋绥边区重要的党政机关的所在地,随后在兴县先后建立了晋西区党委、晋西北行署和晋西北军区。1948年,毛泽东从陕北东渡黄河向河北西柏坡转移途中,途经吕梁兴县蔡家崖时,发表了著名的《在晋绥干部会议上的讲话》和《对晋绥日报编辑人员的谈话》,明确了党在新民主主义时期和土地革命时期的总路线和总政策,为中国革命的胜利指明了方向。

2017年习近平到山西考察调研。在调研期间,习近平总书记尤其提到了吕梁革命精神。习近平说:"革命战争年代,吕梁儿女用鲜血和生命铸就了伟大的吕梁精神。我们要把这种精神用在当今时代,继续为老百姓过上幸福生活、为中华民族的伟大复兴而奋斗。"[1]可见,习近平对以吕梁精

---

[1] 习近平在山西考察工作时强调:扎扎实实做好改革发展稳定各项工作 为党的十九大胜利召开营造良好环境[N]. 光明日报,2017-06-24.

神为代表的革命文化予以高度的评价和重视,因此在新时代,我们应该进一步加快对吕梁革命精神传承和发展的步伐。抗日战争时期的史实告诉我们,太行和吕梁在抗日战争中的战略地位极其重要,不仅是华北抗日战争的主战场之一,而且使得抗日游击战争在山西最早开始、最早运用和最早得到成功的实践。如果没有吕梁山区和太行山区这两个战略支点作为坚实的后盾、如果没有吕梁人民和太行山区人民的无私奉献、如果没有军民的顽强斗争,就没有抗日游击战争的勃兴、发展和坚持,山西的抗日斗争就无法坚持,华北地区的抗日战争就无法取得胜利。所以,在抗日战争时期和解放战争时期形成、发展起来的太行革命精神和吕梁革命精神,将永远激励着生活在这块土地上的子孙后代。

2. 社会主义建设时期山西老区革命文化的发展

从新中国成立的社会主义建设时期到改革开放,山西老区革命精神的形成不仅与新中国成立这一大的宏观社会背景有关,还与山西特殊的地理环境密切相关。1949年新中国成立之后,我国实现了民族独立和人民解放,率先完成了政治革命,但我国的发展依然面临诸多方面的挑战。政治方面,我国作为新生的社会主义政权,遭到其他资本主义国家的敌视、压制和排挤;经济方面,我国的生产力发展水平极其落后,人民日益增长的物质文化需要同落后的社会生产之间的矛盾是当时社会的主要矛盾,同时计划经济体制也严重束缚了我国生产力的进一步发展,加上当时三年严重的自然灾害,这一时期迫切需要大力提高、解放和发展我国的生产力。这一时期我国的文化主要是社会主义的文化,文化作为一种政治上层建筑主要是为经济基础服务的。山西革命文化作为整个社会主义文化的重要组成部分,整体来说山西革命文化也是为整个社会主义经济服务的。

在新中国成立之前,尤其是抗日战争时期和解放战争时期,山西的革命文化中形成了以吕梁革命精神和太行革命精神为主要代表的革命文化。从新中国成立到改革开放,我国进入了一个崭新的历史发展新时期,尤其是在社会主义建设时期,这一时期山西革命文化受吕梁革命精神和太行革命精神的影响突出地形成了农业战线上的大寨精神和西沟精神(申纪兰精神)、工业战线上的石圪节精神和李双良精神、医疗战线上的赵雪芳精神以及其他战线上造福后代的锡涯沟精神和太旧精神,这些都是新时期革命精神最集中的体现。这一时期形成的革命精神是对前一时期老区革命精神的继承、发展与创新，可以说它们之间是一脉相承、与时俱进的关系。

3. 改革开放之后山西老区革命文化的进一步发展

改革开放之后，我国进入了一个全新的历史发展时期，但这对于山西的右玉人民却面临着一个是"扎根"还是"搬离"的两难境地。右玉县位于晋蒙交界、毛乌素沙漠的边缘，一直以来是个大风口，新中国成立初期的林木覆盖率不到0.3%，可以说是风沙肆虐的不毛之地。当地的民谣"一年一场风，从春刮到冬。白天点油灯，黑夜土堵门。在家一身土，出门不见人"就是对其恶劣环境最形象的表述。曾有一位外国专家就断言，这里不适宜人类居住，建议举县搬迁。面对这样的局面，右玉县在第一任县委书记张荣怀的带领下，迈出了植树造林、防风固沙的第一步。先后18任县委书记和县政府领导班子一任接着一任真抓实干、带领全县人民坚持不懈，艰苦奋斗，使得右玉从原来的"十九秃山"变成现在的"绿水青山"，打破了不适宜人类居住的断言。右玉精神是一种"植树精神"，始终体现着自力更生、艰苦奋斗的品格。右玉精神体现的是全心全意为人民服务，是迎难而上、艰苦奋斗，是久久为功、立在长远。改革开放初期形成的右玉精神是对革命年代和建设年代革命精神的传承和发展，依然体现着自力更生、艰苦奋斗，全心全意为人民服务的原则和宗旨。

在革命战争年代、社会主义建设年代和改革开放年代形成和发展起来的山西老区革命精神并不是一成不变的，而是不断丰富和发展的，山西人民一直在传承着这种精神、传递着这种正能量。今天在山西这片土地上依然有许多普通人物践行着这些精神并传递给下一代。从自己掏腰包替别人还贷的"还债局长"胡丙申到20年坚守绿化荒山、带领人民致富的余晓兰，从14年来用养老金助学济困的解黎明到成功完成"神九"飞天任务的景海鹏与刘旺，都在时时刻刻传承着山西的革命精神。2016年山西临汾的郭小平获得感动中国十大人物，他创建了国内唯一一所艾滋病患儿学校，使得这些在身体上和心理上都受到双重折磨的弱势群体有了一个避风港，也使得这些孩子看到了对未来的希望。郭小平这种不怕争议、无私奉献的精神是对山西革命精神的发展，值得我们学习和发扬光大。

山西老区革命精神体现的是在三晋大地上山西儿女的一种追求和气节，

传承的是一种正能量，这种精神折射出的是一种信念、一种力量，它永远都不会过时，它迸发出的强大生命力将会进一步推动山西省的转型跨越发展。

二、山西老区革命文化保护与传承的重要意义

（一）山西老区革命文化保护与传承的历史意义

1. 发挥了游击战的重要作用

1937年，毛泽东同志指出："山西将成为华北的特殊局面，这根本的是因为有红军，其次则是阎锡山与我们结合起来。由于这两个力量的结合，将造成数百万人民的游击战争。我们应坚持这一方针，布置全省的游击战，……"[1] 抗日战争时期，八路军在山西分别建立了晋绥、晋冀鲁豫、晋察冀、晋西南四大抗日革命根据地，并带领人民军队开展了游击战。正是由于党带领着八路军在抗日革命根据地开展了敌后游击战，使得大量日本侵略者的军事力量得到牵制，最终取得抗日战争的胜利。

在1937年9月，经过平型关战役之后，中国取得了抗日战争的第一次胜利，也是党在游击战取得的第一次胜利。这场战役不但增强了国民对抗战胜利的信心，也很大程度上打击了法西斯侵略者的盲目自大。在此之后，八路军继续配合国民党正规军在敌人后方进行伏击，使得日本侵略者腹背受敌。在忻口会战中，我党领导的八路军在同蒲路和正太路日军侧翼进行巧妙的攻击，从而牵制住敌人的力量，为阵地战的胜利赢得有利条件。

据统计，开展游击战争以来，整个华北地区仅仅用了不到一年的时间，作战次数高达1500次，歼灭的敌人就达五万余人。所以，在此也大大凸显了游击战在抗日战争中的作用。

2. 促进了抗日民族统一战线的形成和发展

毛泽东同志曾经多次提到三晋地区在抗日战争时期的重要作用，1936年3月，在晋西召开的中央政治局会议上又强调指出："华北是全面对日作战的战场，华中是后方。黄河流域以华北五省为战场，其他为后方。"[2]

---

[1] 毛泽东军事文集（第二卷）[M] 北京：军事科学出版社，中央文献出版社，1993：65.

[2] 中共中央文献研究室编. 毛泽东年谱（1893—1949）上卷[M]. 北京：人民出版社，1993：526.

红军东征胜利之后，共同联合抗日的主张得到了广大爱国人士的拥护和支持，也激发了山西人民保卫祖国的愿望，共同抗日的热浪不断掀起，最终促成了阎锡山和中国共产党共同抗日的合作关系。在这样的合作关系中，阎锡山的积极抗日得到了人民群众的支持和赞扬，这也在一定程度上增强了阎锡山抵抗日本侵略者的信心。总之，山西在全国率先形成了抗日民族统一战线，从而影响并促进了全国抗日民族统一战线的发展。

1937年8月，党中央将红军改编为八路军，在山西取得了抗日作战的合法地位。在抗日民族战斗中，国共两党两军在作战的战略上相互配合并积极合作，同时，三晋各地的运动战与阵地战、正规战争与游击战相辅相成，与持久战略互为表里，从而取得了一系列战事的胜利。

1937年10月13日，爆发了忻口战役，该战役就是国共两党相互配合作战最为典型的一次战役，各部队团结作战，从正面、侧面和后面共同夹击敌人，让日本侵略者遭到最为严重的打击。虽然当时忻口会战失败了，但是国共合作，团结抗日的精神鼓舞了全国的军队和人民的斗志和信心，也成为指导山西乃至全国抗战取得胜利的指路明灯。

3. 推动了解放战争的胜利发展

山西不仅作为抗日战争的战略支点，在解放战争中也起到了非常重要的作用。因为三晋大地是晋绥、晋察冀、晋冀鲁豫三大解放区的重要依附地，它联系着我国东北、西北、山东和华中各解放区。

在日本宣布投降之后，蒋介石立即密谋要攻打三晋大地的上党地区，占据能够统治全中国的有利地位。上党战役经历了33天，国民党军队以失败而告终，大大打击了国民党想统治全中国的嚣张气焰，也让全国人民看清了蒋介石的真面目，人民对和平生活的渴望也更加强烈了。上党战役是我党带领人民军队取得的第一个大规模的歼灭战，大大激发了全国各地广大群众参军的热情，从而为解放战争的胜利打下了良好的基础。

刘邓大军挺进中原也标志着人民解放军开始向国民党军队进攻，继刘邓大军挺进中原之后，1947年5月，人民解放军在山西发动了运城战役，切断了阎锡山向南逃窜之路，打击了国民党固守城镇的美梦，为后来解放军挺进豫西提供了保障，同时也增加了作战的经验。

1948年3月，临汾战役打响。在徐向前司令指挥下，解放军突破易守难攻的城垣,将国民党在晋南的最后一个据点拔除。随之又先后发动了晋中战役、太原战役,直到最终彻底推翻国民党军阀阎锡山在山西境内的统治,使山西获得解放。在三晋地区发动的这四场较为大的解放战争,不仅得到了党中央的赞誉,而且让我军积累了大量攻坚作战的经验,从而更好地为解放其他地区提供了借鉴。

4. 激发了全国人民建设社会主义的信心

在中华人民共和国成立之后,党的根本任务就是在维护新生人民政权的同时还要逐步加快社会经济的发展。当时三晋人民也在积极响应党的号召,开始参与到社会主义的建设当中。面对生产资料严重匮乏的现实状况,三晋人民不断寻找适合自己的农业发展模式。最为典型的还数山西省昔阳县大寨村的村民,他们发挥了自力更生、艰苦奋斗的精神,将一个容易受自然条件影响、农业基础相当薄弱的地方,建设成为了一个在当时全国农业发展中都是数一数二的村落。大寨人民在建设自己家园的时候所发扬的自力更生、艰苦奋斗的精神不但增强了全三晋人民在农业生产中动力,而且还在全国上下都掀起了"农业学大寨"的热潮,又一次鼓舞了全国人民在农业生产过程中的信心。

除了大寨精神对全国人民的激励之外,在三晋人民中还涌现出许多投身社会主义建设的劳动榜样。比如带领山西省平顺县西沟村从一个荒山秃岭的穷山沟变成现在名声享誉全国的富裕新农村的李顺达和申纪兰两位劳模,他们一心只为人民群众的利益去奋斗,带领着当地老百姓建设自己的家园,并积极探索适合自己的农村发展道路,让西沟村成为最早提出要开展全国爱国丰产运动的倡导者,而且也成为全中国在农村开展合作化运动的先进榜样。不仅如此,西沟村也是最早在中国农村提倡男女同工同酬。

(二)山西老区革命文化保护与传承的现实意义

1. 弘扬党的先进思想

马克思主义执政党是不能不具有先进性的,一旦执政党不追求先进性的建设,那整个党就失去了生机与活力,而且执政党能力的体现就在于其是否具有先进性。革命文化作为提升党先进性的根本基因,是应该被贯穿于党发展的始终,并不断地挖掘其内在深刻的含义,从而继承和发扬其先进性的传统。

而山西老区革命文化资源中所承载的"人""事""物""魂"都是在中国共产党的领导下，根据当时的实际情况而形成的一种能够催人奋进的红色文化，就像山西老区革命文化中太行精神中所传递出的在国家危难之时挺身而出的爱国精神、大寨精神中所承载的艰苦奋斗、自力更生的坚强品质，这些都是党领导人民在实践过程中所孕育出来的先进文化。与此同时，山西老区革命文化资源还体现出了中国共产党人和人民群众所坚持过的理想信念和理论思维，最主要的就是坚持真心实意地为国家和人民服务，其代表的就是最广大的人民的利益，所以它始终作为先进文化的一部分。虽然时代在变迁，但是贯穿于每个时代的先进性的理念是不变的。时刻加强对山西老区革命文化的学习，不仅可以让这样先进的思想促进党的发展，更能够激励后辈始终坚持自己的理想信念，始终坚持为人民服务的思想。

2. 推动红色文化产业的发展

生产、分配和交换是一个系列的整体，有了分配和交换的存在，才能不断促进生产的提升。随着社会经济的提升，文化产业的发展也成为国民经济的主要增长点之一。与此同时，红色文化作为一种提升人民精神世界的意识形态，大众越来越喜欢喜欢消费红色文化产品或商品，红色文化的消费已经成为提升大众精神文化的重要的方式，因此，山西老区革命文化中的一系列的红色影视作品受到观众们的喜爱，比如《吕梁影响传》《李林传》《百团大战》等影视作品逐步被推出。

随着社会经济的发展，人们已经不再仅仅满足于听闻式的文化传播形式，更多的是需要亲自去体验和感受当地的文化。三晋红色文化资源有着数量和种类多、范围分布广的特点，其主要还是指当时在革命战争时期、改革开放初期及社会主义建设初期所保存下来的一些对人们思想上、精神上有着较大的触动的历史遗迹、革命旧址、革命英雄故居、革命纪念馆以及传承下来的红色文化精神等。这些不可再生的且在特定时期形成的红色文化载体，它们都有着极大的感染力和感召力，有些已经形成了自己特有的文化旅游品牌，带动着大众的消费，从而也促进着整个地区的经济发展。

3. 推动践行社会主义核心价值观

社会主义核心价值观的核心内容就是强调从社会、国家和公民三个层面来为人民提供正确的行为准则。而革命文化作为一种政治性文化，体现了中国共产党提出的思想路线和理论方针政策，革命文化先进性的实质与中国共产党的实质是一致的。革命文化不是从天上掉下来的，更不是一蹴而就的，它的发展是需要经过长期岁月的洗礼，其内涵也在随着时代发展而不断地丰富。山西老区革命文化资源涵盖了中国共产党人带领广大的山西人民从推翻半殖民地半封建社会到建设社会主义道路的整个过程，这个过程承载了中国共产党带领人民大众去争取民族独立、人民解放以及不屈不挠地建设社会主义的奋斗历程，这种真实且丰富的文化是推进践行社会主义核心价值观的重要资源。

4. 坚定党员干部的理想信念

习近平指出："理想信念就是共产党人精神上的'钙'。"[1]红色文化是中国共产党人带领人民群众进行艰苦斗争、勇于探索之后而形成的。在各个艰苦的革命和建设时期，中国共产党人始终能够坚定自己的理想信念，紧紧团结在党中央周围，他们永远都是把党和人民的利益放在第一位，不怕苦不怕累，最终带领人民战胜帝国主义的侵略，取得全民族的独立和解放；在社会主义建设时期，坚持脚踏实地、实事求是，投身于社会主义事业的建设，带领人民走向国家富强、民族复兴和人民幸福的社会主义现代化。比如山西老区革命文化中的太行精神、吕梁精神、大寨精神和西沟精神就是革命先辈们在艰难的环境中，自力更生，勇于探索、为了国家和人民不惜献出自己生命所形成的宝贵品质，这些品质时时刻刻影响并激励着广大党员不断向前。保护和利用好山西老区革命文化资源有助于加强党员干部的理想信念教育。

5. 引导青少年树立正确的价值导向

随着社会经济和网络技术的发展，社会中各种思潮也不断出现，有些思潮难免会对青少年的价值观造成影响，部分青少年往往缺乏对正确价值观的把握，出现理想信念不坚定等问题。而山西老区革命文化资源中所蕴含的革命党人身上所具有的坚定的理想信念和全心全意为人民服务的品质，以及他们身上绝对的自律足以影响到青少年的思想乃至行动。因此，将山

---

[1] 习近平. 习近平谈治国理政[M]. 北京：外文出版社，2014：15.

西老区革命文化资源融入学校德育教育过程中,不但可以丰富思想政治教育内容,提高他们的学习兴趣,更重要的是可以在教育过程中让红色文化资源深入到青少年的价值观培树中,从而更好成长。

6. 激励人民大众形成高尚的民族品格

山西老区革命文化是在国家处于危亡局面的新民主主义革命时期形成,在社会主义建设和改革时期发展,其传递出来的精神品质就是对几千年来所积淀的中华优秀传统文化的继承和发扬。革命文化还是中国共产党人运用马克思主义指导思想,在危急时候挽救了党、国家和人民的先进文化,山西老区文化亦是如此,它所承载的坚定的理想信念、浓厚的爱国情怀、自力更生和艰苦奋斗的优秀品格不但使得人民的精神世界得以丰富,更让其价值观得以提升。

山西老区革命文化资源中的各类革命纪念馆、遗址和革命故居等,例如八路军太行纪念馆、平型关大捷遗址、高君宇故居等都生动直观地为大众展现了共产党人在革命和建设中的真实经历。太行精神、吕梁精神和大寨精神等非物文化时刻影响着人民大众的精神生活,不断使他们树立正确的世界观、人生观和价值观,逐步提高自身的道德文化修养,与此同时,这些高尚的品质也会时刻影响大众的实践活动,自觉践行社会主义核心价值观。

三、山西老区革命文化保护与传承的路径

(一)推动山西老区革命文化创新发展

要实现山西老区革命文化的当代价值,必须从革命文化的内部入手,加快革命文化的创新发展:主体上,以人民群众为中心,分析人民群众的文化价值需求和精神文化的需求;客体上,要不断深入挖掘山西革命文化的时代内涵,注重及时把人民群众的劳动实践与革命文化结合起来,使人们深刻接触革命文化,喜欢上革命文化,在此基础上推动山西革命文化的创新发展。

1. 创新革命文化研究

推动山西革命文化的创新发展,首先应积极创新革命文化的研究。横

向上，将太行精神和吕梁精神等相关理论结合起来研究，纵向上，将山西革命文化的萌芽期、形成期、发展期、成熟期统一起来进行研究，最终实现将区域化、零星化的革命文化研究有效整合。山西高校的学术研究型人才作为山西革命文化研究的主力军，应积极下基层，做调研，密切联系群众，从不断的实践中感受山西革命文化特色，最终创新革命文化的相关研究。

2. 创新山西革命文化的传播形式

应充分利用微博，微信、抖音等平台，定期策划和推送一些能够反映山西革命文化的、老百姓喜闻乐见的文化节目，在凸显革命文化的独特魅力的同时努力增强传播形式的趣味性和艺术性。同时，还可以将山西革命文化与富有山西特色的传统文化相结合，与晋剧、二人台、民歌等融合，统一进行宣传。在具体的传播途径上，可以在微博上发起有关革命文化的同城行动，邀请有兴趣人们加入传播革命文化的大队伍中。还可以将革命文化与山西卫视、山西卫视网、黄河卫视网等媒体结合，针对性地在特定的时间播放一些如太行精神和吕梁精神的纪录片和有关山西革命历史人物践行革命精神的小故事，进一步创新革命文化传播的具体途径，拉近革命文化与人们的距离，拉近历史和现实的距离，让人民群众在欢乐的氛围中感受山西革命文化的内涵。

3. 创新山西红色革命文化品牌

山西作为抗日战争时期的主战场之一，中国共产党和八路军的印记遍布太行山和吕梁山。中国共产党领导的一系列重要战役在山西发生，英雄儿女的热血洒满了太行山，这些丰富的史实是创新山西革命文化品牌的基础。应进一步加大宣传革命文化的力度，让更多的人认识和了解山西革命文化。山西革命文化的进一步的挖掘和弘扬，对山西红色旅游品牌的发展具有积极的推动作用，有利于山西革命文化品牌的进一步树立。

（二）深入挖掘山西红色文化资源

1. 整合山西红色文化资源

山西红色文化资源丰富且分布较广。近些年，山西省大力发展红色旅游，旅客量逐年增加，实景体验和高科技的融入，丰富了红色旅游的形式，提高了广大游客的兴趣，但是，山西红色文化的发展仍存在着许多问题，区域性的红色文化相互独立，宣传主题不明确；过度追求红色文化的经济利益，失去红色文化正能量宣传；区域性的红色文化基础发展不平衡，部分地区建设落后等。新时代山西应积极把握机遇，增强红色文化的持续发展性，在红色文化的项目上进行整合，如在山西北部深挖抗日战争时期红色文化的内涵，重点打造平型关大捷的激励文化；在山西中部，高度重视太原作为省会的辐射作用，重点建设土地革命时期中国共产党形成的坚毅文化；在山西南部，积极发展外省与山西的交通便道，可以主要发展解放战争时期军民团结文化，同时要将太行精神和吕梁精神贯穿其中，在总体上打造山西红色文化的大整体。

2. 注重红色旅游资源与自然文化旅游资源的联动

山西在实践中不断探索，努力把文化旅游业打造成山西发展的战略性支柱产业，初步建成国家全域旅游示范区。在先进的全域旅游资源发展理念下，现在山西重点构建长城、黄河、太行三大旅游版块，努力建设历史文化资源、自然资源、红色资源的联动发展。三大旅游资源整合是对山西整个旅游资源的一个大整合，同时对文化资源来说也是大整合，集中体现了一种系统性的集成联动效应。红色旅游资源的发展对山西全域旅游资源的整合具有重要的作用，相比较而言，山西现在红色旅游资源的开发力度、开发规模、开发水准等都低于历史文化资源和自然资源，具有较大的提升空间，如将武乡八路军纪念遗址等红色资源、与驰名中外的云冈石窟、平遥古城、五台山、壶口瀑布等一起宣传，能够相应带动山西红色旅游资源的发展。山西武乡作为红色旅游资源的龙头地区，应积极加强与自然资源、历史文化资源的联动发展，将八路军总部遗址与邻近的太行山大峡谷和炎帝庙等先形成小规模的联动发展，在小规模的基础上进一步扩展到整个山西地区。

3. 充分发挥区域红色文化资源的特色

山西红色文化资源丰富，特色鲜明。在2016年12月国家颁布的《2016—2020年全国红色旅游发展规划纲要》（三期规划）公布的300处名录中山西包括了9大景区、29处景点，主要包括晋东南太行红色文化区、晋西北红色文化区、晋北红色文化区、晋中红色文化区和晋南红色文化区。五大红色文化区各具特色：晋东南的红色革命文化主要是以太行精神为核心，凸显的是八路军艰苦奋斗的作风和军民同心的鱼水情；晋西北的红色革命文化主要以红军东征时期的英勇顽强精神和刘胡兰宁死不屈的精神气概为主；晋北红色革命文化区是以大同煤矿"万人坑"遗址纪念馆和平型关大捷、雁门关伏击战、夜袭阳明堡机场的激励精神为主，激励新时代的青年为实现中华民族伟大复兴而不懈努力；晋中地区主要以太原、太谷为中心，积极发展中国共产党初期在山西艰难创建过程中形成的"初心"文化，主要包括太原支部旧址纪念馆、山西国民师范革命活动纪念馆等，将中国共产党刚建立时的初心与新时代"不忘初心，牢记使命"的主题活动相结合宣传，努力打造山西红色文化的思想教育基地；晋南红色革命文化区主要以烈士陵园为主，包括临汾烈士陵园、运城烈士陵园等，应重点突出解放战争时期晋南儿女为全国解放，战死疆场的红色纪念文化。山西五大红色区域应积极发挥本区域红色文化的优势，彼此间加强相互之间的交流合作，打造出属于山西的红色文化品牌。

（三）广泛举办山西红色文化主题活动

推动山西红色文化的创新发展，落实到具体措施，可以通过举办国家重大纪念日活动、开展山西红色文化教育及宣传工作等主题活动。

1. 举办国家重大纪念日的红色活动

近些年，国家越来越重视重大纪念日的作用，特别是纪念中国共产党领导广大人民群众取得新中国独立的红色革命史。进一步弘扬山西红色文化，可以通过举办一些重大纪念日的红色活动，让更多的人认识山西红色文化中的太行精神、吕梁精神、刘胡兰精神等。山西除举办国家型的大型纪念活动外，可以结合本地区的战役、英雄人物牺牲时间等具有代表性的节点举办本地区的红色纪念活动，特别是具有重大纪念意义的平型关大捷、百团大战。可以结合山西本地区的特色，举办大型的纪念活动，让更多的人参加这些纪念活动，既得到了红色文化教育，又达到了宣传山西红色文化的目的。在高校的红色文化研究中，启发更多的高校学术型人才创新山西红色文化方面的调查研究，为推动山西红色文化在学术上的发展做出积极作用。

2. 大力发展山西红色文化教育

山西红色文化是山西革命精神和中华优秀传统文化融合而成，是中国共产党人和广大人民群众一起奋斗而形成的作风、信念、精神品质和思维方式，可以作为乡土教材和地情资料，可以作为山西人民接受教育的生动教材。山西红色文化中崇高的理想信念、艰苦奋斗的作风、实事求是的态度、举国同心的群众路线曾经是挺起整个华北抗战的脊梁，其具有强大的历史教育价值和思想教育价值，特别是对于肩负着民族复兴重任的当代青年深刻理解红色文化的内涵、培养自己的红色精神和品质具有很强的现实意义。大力加强红色教育，学校作为社会中的教育基地，应发挥学校的在价值上的引领作用，通过丰富红色文化的教育内容和表达方式，创新教学的方式、方法，改变单一的教学方式，使更多的新时代青年和孩子们了解并喜欢山西红色文化。在社会中，对于普通的群众，积极加强宣传的力度，将传统和新型的宣传方式相结合，即可以创新报刊的设计、广播的形式等，又可以结合互联网下的新媒体、App等。

3. 加强山西红色文化网络宣传工作

通过举办国家重大纪念活动及发展山西红色文化教育，可以实现红色文化的有效传播和弘扬，同时在网络全覆盖的今天，仍需要具体的宣传措施来加强山西红色文化的弘扬。传统的红色文化宣传受自然条件和地区的限制，宣传方式和效果一般，随着互联网的极速发展，宣传的范围扩大，时效性增强，总体效果提高。互联网时代，宣传媒介多样化，红色文化的宣传在融合新媒体的基础上实现了数字化，逐渐向移动客户端靠拢，使得红色文化的宣传媒介更加丰富。同时，山西红色文化的宣传在互联网条件下应做到宣传策略灵活多变，可以建立以红色历史和文化为主题的具有权威性的网站，或是在网上播放与红色历史有关的视频，增强红色历史和红色文化宣传的灵活性。可以培养宣传山西红色革命文化的专业网络队伍，同时需要建立健全互联网的法律法规。

第八章 传统文化视域下的山西本土文化建设与传播

山西独特的地理环境蕴育了许多优秀的文化，革命建设时期产生了红色文化，新时代创造了山西精神，这些都是山西文化建设进程中的理论基础和力量源泉。发挥山西丰富文化资源的优势，促进本土文化的振兴发展，对凝聚民族精神、提升公民素质、促进社会和谐、推动山西经济发展方式转变都有重要意义。

本章立足山西传统文化的传承与创新，探讨如何提升山西文化传播力，扩大山西文化的影响力。

一、传统文化视域下的山西本土文化建设

（一）山西本土文化建设中取得的成绩

新中国成立以前，山西不仅封闭落后，而且饱受战火蹂躏，几乎是在一片废墟上，建设发展文化事业。新中国成立后，由于山西文化资源丰富，存在大量的历史文化遗址、遗迹，国家大量投资来建设保护山西文物，因此对山西文化的发展起到了很好的作用。改革开放后，山西的经济实力不断加强，对文化事业发展投入加大，"十二五"时期山西文化建设发展迅速，取得了很多的成就；"十三五"制订的文化建设规划对山西文化建设又做了更进一步的指示，目的就是建设文化强省。到目前为止，发展的成就主要体现在以下几个方面。

1. 本土优秀文化得到大力传承与发展

一个民族甚至国家的发展繁荣需要有内在精神的支撑，需要每代人的

共同努力，才使得中华民族历经几千年一直延续至今。每种优秀传统文化都是在之前文化中蕴育的，这些文化的内涵精神是一脉相承的。近年来，山西要打造文化强省，实现经济转型跨越，必须加强对本土文化的创新，适应当代发展。如在晋西北的运城、晋城、永济等地区，举办了各种文化节来不断加大尧舜文化的宣传力度，深度挖掘尧舜禹文化资源所蕴含的精神内涵与社会价值，打造出新的山西文化品牌，带动了当地区域经济的发展。

纵观整个山西对本土优秀文化的传承与创新发展，各个方面都取得了丰硕的成果。文化传承最好的载体就是书籍，因此山西开始编撰和出版了很多记载山西优秀传统文化的书籍，有的受到了国家和社会的一致好评，并获得了国家奖项，如《山西文化资源地图》一书。山西开始着手对新时代山西的本土文化进行系统性整理，启动了《山西文华》大型丛书编撰工程。开展了第一批乡村文化记忆工程试点，涉及的乡镇数目多达上百个。在文化表演艺术方面，说唱剧《解放》、舞剧《粉墨春秋》，以及根据山西优秀传统文化中廉政文化和晋商文化改编的晋剧《于成龙》《日升昌票号》，根据右玉精神创作的大型音乐舞蹈史诗《为有牺牲多壮志——右玉和他的县委书记们》等优秀剧目市场反响热烈，深受观众喜爱。山西还对外出口了很多独具地域特色的鼓乐、歌舞和戏剧等文艺表演，出访到了境外的许多国家和地区，参加对外交流的团体有近百个。中国黄河电视台加强了文化节目内容的对外输出，节目出口到了美洲、澳洲和东南亚。这些对传播三晋文化，提升山西本土文化影响力起到了很好的作用。

2. 文化产业整体的实力得到很大提升

近年来，山西大力发展文化建设，文化产业取得了较快的发展，对经济的增长具有重要的意义。一些重点文化企业在保持更好更快的发展过程中所带来的社会和经济效益是十分显著的，其他各类中小文化企业也在平稳有序地发展。山西还设立了文化产业发展投资基金和旅游文化体育产业投资基金等多个基金，利用山西丰富的文化资源与旅游业相结合，来推动山西本土文化事业的发展。山西鼓励并积极引导社会资本进入文化产业进行项目的投资，随着投资规模的不断扩大，文化设施建设相继完成并投入使用，取得了很好的社会效益，原来旧的基础设施得到了很大的改善，城乡居民享有更多的文化资源。

3. 文化体制改革取得的成效比较显著

企业除了自身的努力外，还需要有相关的体制机制来推动发展。山西坚持以科学发展观为指导并结合目前的发展的具体情况，对于现存的领导机构进行了精简与整合，明确各个部门的具体分工，如将山西省文化体制改革与发展领导组合并成立了文化体制改革发展办公室。针对过去各部门职能不明确，相互推诿的问题，形成了由党委统一领导，政府带头组织，宣传部门附加相应的指导意见，具体实施交给文化行政主管部门，其他的相关部门要积极配合的工作机制，而且出台了相关的配套政策；对文化体制改革的具体任务、发展目标与进度都有明确的指示，极大地减少了文化行政审批事项。省直各有关部门完成专项机构的设立之后，其他各地也相继设立了相关的领导机构，根据当地的实际情况，制定了符合当地发展情况的配套政策。在一些改革试点城市，早已经感受到了改革后的有益之处。在习近平新时代中国特色社会主义思想的引领下，山西要继续深入推进文化体制改革，全省上下各部门相互配合，齐抓共管，科学发展，共同推进文化强省战略的实施。

（二）山西本土文化建设中存在的问题

虽然在文化事业的发展中取得了诸多成就，但也存在着很多问题。山西发展经济的主要来源是依靠煤炭和钢铁等资源，重点发展重工业等产业，对文化方面的关注相对较少。在文化产业发展过程中，采取粗放自由的发展模式，靠的是资源型旅游发展模式，有很多景点近乎雷同，对既有的文化的资源没有充分挖掘，结构布局不合理；景区文化没有自身特色，也很少有创新，在市场环境中不具有吸引力。文化产业结构调整还需要继续加强，其中大部分属于政府主导型的，国有企业占的比重较大，导致市场的核心竞争力不强，创新的效率低下整个文化产业处于低水平发展阶段。山西虽然提出了"五个区"的发展战略，但文化集群没有形成，各地区都是在自己搞发展，没有联动发展的思路，当然也有当地文化原创能力不足，发展水平较低等原因。文化人才队伍建设比较落后，综合性高科技人才短缺，科研经费不足，对人才吸引力小。

1. 文化体制机制改革创新的力度不够大

山西在文化建设过程中，一直在努力推进文化体制的改革，开创文化强省的新局面。虽然在过去已经取得了一些进展，但是还存在很多的问题，文化体制改革还需要进一步深化，体制机制创新任重道远。在山西文化事业的建设中，主要是由政府在发挥主导创办文化，随着人民群众日益增长的精神文化需求的不断扩大，以前的管理模式已经不能适应新时代的需求，需要政府加强对文化的管理，主动放权，充分发挥市场在文化资源配置中的优化作用，对文化企业多引导，更好地为大众服务。关于山西的国有文化资产管理机构，党委政府和宣传部门存在政事分管不清晰，联系不紧密等问题，没有形成统一的分管模式，对于人员的管理、事物的处理、文化资产的管理体制需要进一步优化，来保障党对国有文化企业重大事项的决策权，对于控制资产的合理配置权利、重大领导干部的任免也需要经过政府的决定。目前的一些评价考核的机制还不完善，需要进一步健全。国有文化企业与非公有制文化企业间存在较大的差异，二者之间合作交流较少，国有企业拥有的文化资源比较丰富，相应的优惠政策也较多，更有利于企业的发展。对于文艺院团的经营体制改革也需要进一步加强。文化市场综合执法的能力还需要进一步的提升，执法人员的队伍建设落后，事中和事后的监督与管理存在较大的漏洞，需要优化顶层设计，强化监督管理体系，增强文化体制改革的实效性和科学性。

对于山西的公益性文化事业单位的改革力度需要进一步加强，这些文化单位的法人自主权还存在很大的制约，公共文化的服务功能也没有最大程度地发挥出来，发展过程中缺乏活力。运行机制需要深入创新，公益性的事业单位管理人才缺乏，法人治理的结构缺乏进一步完善，缺乏一些专业的人士及相关领域的优秀代表参与管理，不能听取到社会各界各群体的声音，相应的执行和监督机制也存在很多的问题。现在文化企业所形成的企业制度与国有文化资产监督管理机构没有有机地结合起来，文化企业的法人治理结构与公益性文化事业单位存在同样的问题，需要优化管理体制，要注重党委领导的主导权，管理过程中结合法人治理模式完善管理体制。在企业董事会合理聘请经营管理人员以及经营管理人员依法行使自己的职权时，需要坚持党的绝对领导地位，充分发挥党组织的政治核心作用。

2. 城乡、区域公共文化建设发展不平衡

在"十三五"时期,山西文化设施建设稳步推进,在各省、市及县城都加大了文化设施建设,建设的达标率达到了80%,比上一个五年计划的建设数量提高了28个百分点。在太原市,有很多省级的文化设施如山西省图书馆早已经投入使用,每天都有很多的人去图书馆学习,满足了广大市民的精神文化需求,受到了广大市民的喜爱。在全省也建起了很多的博物馆以及具有红色文化价值的革命纪念馆,这些对于山西弘扬太行精神、吕梁精神都有很重要的意义,借助这些现实的文化场馆更好地承载了革命战争年代无数先烈用生命铸就的那些宝贵精神财富。这些纪念馆和博物馆建设的数量已经有130座之多。广播电视覆盖率在全省达到了98%,几乎是全覆盖。各个市实现影院全覆盖,县级影院在努力建设中。在这一建设过程中,我们要清楚认识到山西的城乡、区域文化发展处于不平衡的状态,这跟全国的发展水平是一样的,公共文化建设的水平与公共文化服务标准化、均等化要求还有很大的差距。

在文化建设过程中,政府掌握着文化发展方向的主导权,对省地级市的建设投入较多,对一些偏远的县城、乡镇及村,由于地域比较偏远经济较落后,相应的投入规划力度就比较小,而且没有结合社会发展的实际情况制定山西公共文化服务指导标准,相应的城乡文化发展的联动机制也没有建立起来。农村与城市的公共文化资源整合与互通利用不到位,对偏远贫困地区的文化建设帮扶力度欠缺,造成了文化城乡、区域发展的不平衡。对于公共文化设施建设缺乏合理的规划,有些地方为了盲目追求经济效益,投入了大量资金建设,但实际的效果却差强人意。兴建的公共设施不达标被废弃,造成了资源的浪费,在发展过程中没有考虑到城乡人口的发展与分布,各级政府对财政的投入没有科学长远的预算规划。在一些人口较少的县城缺乏灵活的建设规划,需要有一种创新的文化建设新思路,按照均衡配置、经济节约的原则,根据当地的实际情况,可以分散建设,也可以统一整合建设。要重视资源的优化配置,基础设施布局要合理。

3. 文化服务的供给与文化需求不相适应

随着经济的飞速发展,人们的生活水平不断提高,对文化精神的需求也在不断扩大,对于文化产品和服务的提供要求也更加丰富多样。政府需

要根据新时代大众的新需求制定和落实好相关的措施，引导社会市场提供相应的文化服务和文化产品。目前山西的农村文化建设资金、公共文化服务绩效奖励资金的使用还很不规范，政府购买公共文化服务资金来源比较有限。在服务水平问题上，由于公共文化场馆的管理运营模式单一落后，也没有引进一些先进的发展形式，如采用文化服务外包、政府补贴等，对于选择从事该行业人员较少，缺乏大量的基层管理人员。人员的大量短缺使得文化资源不能合理优化整合，供给的形式也比较散乱没有统一的标准，也没有形成连锁服务体系提供菜单式服务，从而推动公共文化服务与人民大众的实际文化需求实现有效的对接。山西在文化建设发展中，建设的主体主要还是政府，缺少社会化的发展。在未来的建设过程中，希望可以加强社会力量的参与，促进公共文化服务的专业化运行，加强政府与社会资本的合作、公益众筹等合作模式，多鼓励企业、社会组织及个人提供公共文化服务和产品。

在文化建设中，山西要学习国家公共文化服务示范区建设的经验，加强文化强县的创建。对于群众文化需求的收集、整理、反馈没有形成一套成熟的机制，群众的需求得不到有效的服务供给，服务的模式也没有建立起来，对于一些公共文化设施的免费服务水平也处于较低发展阶段，在文化的服务供给方面，群众的参与度比较低。在提供完服务后，对文化服务的评估即群众对文化服务的满意度没有制定出相应的评价体系。对于不同地区的同一公共文化服务单位，建立城乡公共文化服务的一体化发展模式，对不同的管理方式进行统一规定，提高服务的质量。对于一些偏远的地区，由于自然地理条件的限制，使得对文艺表演接触的比较少，艺术表演团体由于经费不足不能进行文化的资源共享，需要政府的政策鼓励。

当今时代是信息大爆炸的时代，群众获取文化服务的途径大多依靠的是互联网，这对山西的文化数字资源供给提出了更高的要求，需要依托国家重大信息工程，利用网络大数据，打造覆盖全省的公共数字文化服务平台，提高信息化数字文化服务。山西文化场馆、博物馆、旅游等资源丰富，但对于文化云平台的利用率比较少，也没有自己的工作网页，使得文化服务供给方与群众的互动较少，有些问题未能及时地反馈从而相应地进行调整，人民群众日益增长的精神文化需求难以满足，打造山西文化强省品牌的任务艰巨。对数字图书馆、文博美术馆建设还存在很多的不足，山西需要统筹实施重大公共数字文化建设工程，在基层建立统一的公共数字文化服务平台。

4. 文化产业发展离支柱产业目标差距大

文化产业是新型的朝阳产业，党的十八大明确指出要把文化产业建设成为我国的支柱型产业。山西的文化资源丰富，但文化产业的发展却比较落后，目前山西也在致力于文化产业结构的转型升级，在发展过程中存在一些问题。由于独特的自然地理条件，山西煤炭资源的储量比较大，使得山西在经济建设的过程中，对煤炭资源的依赖程度比较大，重点发展重工业，对文化产业的潜力认识不足，对产业发展没有一个整体的把握和科学的发展规划，对于依赖资源型发展的产业注定走不长远。现在由于煤炭资源的不断减少，科技的发展进步使得国家对新能源的发展提出了新的要求，煤炭产业对于经济的发展逐步减弱，文化产业对经济的推动作用越来越明显。但山西文化产业离成为支柱产业目标还有较大差距，对经济增长的贡献率有待进一步提高。文化产业相关的管理政策体制落后，相应的配套法律法规也没有形成，在文化产业发展过程中常常受到制约，不能很好地发挥作用。政府对文化产业的发展干预比较多，文化发展主要还是依靠政府投资办文化，大量的社会资本没有合法合理的途径进入文化产业领域，文化产业资金投入严重短缺，这都不利于山西文化产业的健康平稳发展。

虽然山西设立了很多的文化产业单位，但文化产业的发展仍处于低水平的发展阶段。文化企业需要进一步发展扩大，缺少一批优秀的文化企业来引领文化产业向更高水平发展，对于现存的省级文化产业集团缺乏宏观的战略引导，文化产业规模小、专业化水平低。文化产业群中没有培育出优秀的高起点的产业示范园区来指导未来文化建设的发展方向。目前社会中的文化企业和文化机构工作比较散乱、企业间合作性不强，造成了资源的浪费，不能够优势互补，不利于整体文化企业的发展。需要打造一种以国有文化企业为主导，中小文化企业、文化工作室、个体创作者等文化机构间相互合作优势互补，共同发展的新态势。

在新的发展形势下，文化产业的发展模式也需要创新，文化与旅游、商贸、科技、农业、等领域的融合发展缺乏更深入的规划。文化单位开发的文化产品没有深刻表达山西的文化内涵，对大众不具有吸引力，没有很好地融入当代生活发挥应有的作用。文化科技创新对文化产业的作用发挥不明显，需要加强科研院所、工程技术研究中心的创新科研能力，培育出更优秀的文化创意企业，推动文化产业良好的发展。大众创业、万众创新的社会氛围不高。结合了各种文化品牌的特色文化产业在新农村建设和脱贫攻坚的进程中发挥的作用还需加强。旅游景区的文化内涵需要深入挖掘，利用现存的优秀文化遗址遗迹、古宅大院打造知名的文化旅游品牌，推动文化旅游产业聚集区建设，对文化旅游纪念艺术品需要加大研发力度，创新文化旅游新路线，推动山西文化产业更好地发展。

5. 文化相关领域中的各类人才比较短缺

在党的十九大报告中，习近平提出要加快建设人才强国。当今社会的发展离不开人才的创新，人才的竞争越来越成为综合国力的核心竞争力。谁能培养吸引更多的优秀人才，谁就在未来的竞争中独具优势。创新驱动实质上就是指人才的驱动，要进行创新就要在创新型的人才方面加大培养力度。山西在文化建设的过程中也存在人才短缺的问题，缺少创新型的人才，尤其文化领域的领军人才短缺，在基层从事文化领域的人员队伍需要进一步扩大。虽然在文化发展过程中已经引进了管理人才，也吸纳了从事文化建设的大量人员，从事文化事业的人员数量不断在扩大，但是高质量的人才却很匮乏，具有创新能力的青年人才队伍几乎没有。这对山西文化体制进一步深化改革以及全省文化产业的发展都有很大的影响。

山西对在文化建设中做出突出贡献的个人或者集体单位没有形成相应的奖励机制，也没有形成一套合理的办法对这些优秀的文化艺术人才进行表彰，对他们的贡献予以肯定，从而更好地鼓励他们发挥更大的潜力。对于文化事业单位专业技术人才职称制度评选体系需要推进改革，领导干部管理过程中墨守成规，积极性不高，缺乏创新培训。在基层服务的文化工作者待遇普遍偏低，没有合理的激励和保障机制，工作的积极性不高，使得原有的工作热情也被这种氛围逐渐消耗，不利于山西文化事业的发展，阻碍了文化强省目标的建设。

二、开发老区革命文化产业、打造文化品牌以提升山西文化传播力

(一)开发老区革命文化产业提升山西文化传播力

1. 发展红色旅游产业

要让革命老区真正"走出去",就必须把这些革命老区推向市场,按市场规律办事。并且,对山西红色旅游进行准确的市场定位,将其打造成基础设施完备、交通发达、消费便利、全方位发展的山西红色旅游市场。

(1)将红色旅游与"走出去"战略相结合

对山西红色旅游进行准确的市场定位,是推广山西红色旅游的重要前提。准确的市场定位必须从客观实际出发,并有步骤、分阶段地展开。

第一,将市场定位于山西省内。这只是山西红色旅游推广的初级阶段,该阶段应该继续开发和完善现有的红色旅游资源。就目前山西红色文化资源状况而言,好多现有资源被搁置并慢慢消失,已经开发的资源或由于管理不善或由于资金短缺而逐渐衰落。所以这个阶段的主要任务就是发掘和修缮未被开发出来的红色资源,并对那些已经开发出来的景点继续组织相关人员进行完善,建设成为一个布局完整、关联性强的红色旅游大省。通过对省内资源的整合,使之具有一定的规模效应和品牌影响力,并为下一步开拓省外市场打下坚实的基础。

第二,推动山西红色旅游进军国内市场。依托第一阶段形成的品牌效应与周围省市联合发展精品旅游路线,从而带动中西部红色旅游的发展。例如,陕西省同样拥有丰富的红色旅游资源,游客可以在山西感受革命根据地艰苦奋斗、以苦为乐的氛围,再到陕西感受一下老一辈革命家运筹帷幄、决胜千里的豪迈情怀。

第三,带动山红色旅游走向国际市场。对于红色旅游进军国际市场,国内普遍存在很大的误区,认为红色文化只是针对国人的思想教育,很少有人将红色文化介绍到国际社会。这一误区反而让一些不良的西方资本主义价值观大量涌入中国,对国人的价值观造成了巨大的冲击。因此,将红色文化上升为中华民族优秀的人文精神,建设高品质的红色文化景点,是吸引国际游客旅游观光、开拓国际旅游市场、促进山西红色旅游业可持续

发展的重要途径。

(2) 将红色旅游与消费需求相结合

红色旅游市场的消费终端始终是消费者,因此对消费者的消费诉求进行深入细致的分析十分必要。这就需要引入"市场细分原则"的概念。所谓市场细分,是指按照消费需求的差异性,把某一产品的整体市场划分为若干个子市场的过程。[1]其中,每一个子市场都有着相似或者相同的消费习惯和消费需求,容易形成稳定的消费群。而不同的子市场之间,由于家庭背景或者生活习惯的不同则有着较大的差异。

由于不同消费群体间文化背景和个人阅历不同,对红色文化的理解和感受不同,因此对于红色旅游的需求层面也不尽相同。例如,对于青少年而言,他们主要是通过红色旅游了解相关的历史史实,感受革命先辈艰苦奋斗的光荣传统,珍惜来之不易的美好生活。而对于党政机关干部而言,他们中的大部分人对于历史已经有所了解,应该更加深入细致地体会党的第一代领导集体的艰苦不易,继续保持革命的纯洁性和党员干部的先进性。

对消费群体进行市场细分,寻求不同消费群体之间的差异性,有利于在开发红色旅游的过程中找到新的商机,更好地满足不同消费群体的需求,抓住市场机遇,使山西红色旅游大有作为。

2. 开发红色文化创意产业

红色文化创意产业既属于文化产业,又是创意产业的一部分。随着文化产业作用的日益突出,文化创意产业日益成长为推动经济发展的最强动力之一。红色文化创意产业同一般创意产业又有着显著的差异。一般意义上的创意产业是对现有文化产品元素的重组或延伸,形成新的文化产品,并最大限度地追求市场效益和经济收益。而红色文化创意产业的最大特点在于红色文化有着特殊的政治性,它必须以一定的历史史实为基础,不能因为市场的需求而肆意篡改历史、夸大史实。红色文化创意产业必须在尊重史实的基础上,开发相关的红色文化产品,并提炼出一定的精神价值,带动相关产业的发展。

---

[1] 孙和平. 四川红色文化资源开发与利用研究 [M]. 成都:四川大学出版社,2010:135.

（1）艺术创意，引领红色文化高端品牌

进入品牌营销时代，零散的文化艺术已经很难在市场中长久立足，只有品牌营销才能在市场中突出重围。因此，要想重新包装红色文化，让其以新面目示人，就必须进行产业升级，将红色文化打造为新的高端品牌。

第一，打造红色文化创意园区。重组原有红色资源、打造红色文化创意园区，是近年来红色文化发展的主要趋势之一。置身创意园区，参观者穿军装、睡土炕、吃粗粮、唱红歌，亲身体验战争时期抗战生活的点点滴滴。在参观创意园区丰富的红色历史遗存的同时，还能切身体会我党优良的革命传统。优良的革命传统不仅是我党执政兴国的制胜法宝，也是党员保持纯洁性的重要原因。

例如，山西武乡红色景点创意园区，是山西最早的红色创意园区之一。它一经成立便成为山西各地区举行党员纯洁性教育的重要基地。作为山西著名的革命老区，武乡县拥有革命遗留文物4000余件，革命抗战遗址40余处。武乡县利用优越的红色资源优势，立足发展太行精神和太行文化，不断创新和探寻体验型和互动式的爱国教育形式，使太行精神以一种鲜活的方式呈现在参观者面前。武乡县政府先后投资6亿资金建设了八路军文化园、游击战体验园等新颖红色旅游形式，打响了山西红色文化创意品牌的第一枪，成为山西重要的爱国主义教育经典园区。

第二，塑造舞台经典人物。艺术舞台一直是大众关注和喜爱的艺术表现形式。红色故事在表演艺术舞台上已不陌生，但是反映革命时期经典红色人物和红色故事的舞台剧，无论是在数量还是质量上都不占优势。山西发展红色创意产业，重塑红色经典在艺术舞台的新风貌，将是重大的突破口。

山西省拥有丰富的红色文化，红色文化衍生出来的红色故事更是不胜枚举。把山西省丰富多彩的红色故事同现代表演艺术相结合，塑造属于山西本土的红色英雄人物，将是山西省发展红色文化高端品牌的重点项目之一。艺术源于生活，更准确地说，是源于老百姓的生活。如何让老百姓在这种全新的艺术形式中获益，是全省上下必须深思的问题。例如，山西武乡先前主要以煤炭开采为主要经济支柱，然而这种依赖传统地下资源的做法，不但使武乡经济发展缓慢、环境遭到破坏，更使武乡人民的生活水平长期得不到改善。于是，武乡县政府决意走出"一煤独大"的困境，彻底改善武乡的经济面貌。在广泛听取群众和专家的意见之后,武乡决定利用丰富的红色文化资源,充分挖掘红色文化带来的经济效益。大型实景剧《太行山》就是武乡重磅推出的一大红色文化品牌。该剧共投资1.5亿元,占地290亩,以山为舞台,以天为大幕,吸引了许多游客慕名而来。该剧由著名导演李前宽指导,影片《阿凡达》的数码处理师、灯光师参与剧目设计,逼真地再现了血染太行、日军恶行、太行母亲、百团大战等生动场景。不仅如此,该实景剧的全部演员都由该地村民参与演出,使参与农民每月增收数千元。另外,该剧也给当地村民带来了诸多商机,他们在自家庭院建起了"农家乐"和餐饮住宿点,不但使收入增加,生活水平不断提高,也使武乡人真切感受到了创意带来的机遇和实惠。

第三,鼓励红色影视创作。在中西方文化激烈碰撞的今天,走进电影院,不难发现好莱坞大片的上座率略高于国产影片,而革命题材的电影上座率更是一跌再跌。中国需要属于本民族的红色英雄,涤荡西方拜金主义、享乐主义横行的社会风气,还中国社会一个积极向上、乐观正义的社会环境。

山西省在革命时期涌现了诸多红色英雄,将这些红色英雄搬上电影、电视荧屏,是红色文化资源在政治和商业的博弈中找到的一种创新且出彩的方式。近年来,电视荧屏上也涌现出了许多关于山西红色人物的影视作品,例如《吕梁英雄传》《情归陶然亭》《边区造》等,但无论是作品的数量还是作品的深度,都有很大的挖掘空间。因此,我们应该发掘更多更感人的山西红色故事,以影视作品的形式表现出来,使山西特色的红色影视品牌走出山西,让更多人关注山西经典红色故事。

(2)创意服务,展现"另类"红色文化

第一,通过网络平台展现"另类"红色文化。随着智能手机和平板电脑的普及,网络生活已经成为人们生活中不可或缺的一部分。网络生活流行的背后,折射出的是群众生活方式的不断蜕变。网络技术给群众带来便利和畅通的同时,也为红色文化不断发展创新提供了一个新鲜的平台。

微博、微信已逐渐成为传播红色创意文化的重要阵地。利用网络征集各种红色创意,不仅为许多有才华的"草根"人才提供了机遇和平台,也为红色文化的发展提供了更多的可能性。

通过团购、网络优惠券等方式推广"另类"红色文化,已经成为推销红色文化产品的重要渠道。通过网络推广红色文化产品，既能吸引消费者的眼球，为消费者带来便利，也刷新了红色文化在大众心目中的传统形象。总之，网络平台不只属于新生流行事物，红色文化产品也能通过网络创意服务吸引大众眼球，在新的实践中不断进步。

第二，通过动漫产业展现"另类"红色文化。同欧美等发达国家的动漫市场相比，目前中国的动漫产业仍处于发展上升阶段。山西红色文化中有许多的英雄事迹值得我们倡导和学习。例如，高君宇和石评梅的生死爱情、刘胡兰誓死不屈的革命情操、左权不畏牺牲的革命壮举都是弘扬红色文化、开发红色动漫的重要题材。如果将这些民族形象融入动漫产业，使红色动漫兼具趣味性和教育性，让小朋友们在欣赏动画片的同时，接受有益的爱国主义教育，将是山西动漫产业有益的探索和尝试。

第三，通过翻新创意展现"另类"红色文化。山西省地处黄土高原，有着浓郁的黄土文化气息。浮山的剪纸、左权的民歌、绛州的花馍和原平的琉璃工艺品等名扬中外，享有极高的声誉。近年来，这些传统的山西特色文化结合山西浓郁的红色文化，创造出了许多极具创意的新形式。例如，浮山民间艺术家们用灵巧的双手剪裁出一个个生灵活现的红色人物和红色故事；原平展现革命时期各种人物形象的琉璃艺术品更是远销中外。这种将本土文化和红色文化相结合的形式，不但充实了百姓的业余文化生活，也带动了本地经济发展，更给山西红色文化带来了新的生命力。

（3）媒体效应，引领大众视听新时尚

大众传媒流行于20世纪上半期，它既是顺应社会政治经济发展的产物，又极其深刻地改变了人类社会生活的面貌。随着大众传媒在社会生活中地位的不断提高，它的导向作用也日益突出。利用大众传媒来传播和宣传红色文化，引领大众视听新时尚，将是红色文化走近大众、深入人心的重要形式。

2012年7月，大型红色访谈节目《红客集结号》在山西电视台首播。该片播出后，在山西省引起了强烈反响，中宣部新闻评阅小组更是对该片给予了高度评价。该片集中反映了一批白求恩式的国际共产主义战士高尚的道德情操、坚定的理想信念及无私的奉献精神，不仅成功引导广大人民群众了解红色文化知识、向英雄学习，对广大党员干部更是一次很好的理想信念教育。微纪录片《红色风华——讲给青少年的山西故事》在2021年国庆节开播，由山西省关心下一代工作委员会和山西广播电视台联合出品，山西广播电视台纪录片中心承制，已列入国家广电总局86部重点纪录片名录，是山西庆祝建党百年13项重点活动之一。节目以山西党史中的感人故事为鉴，通过主持人讲述的形式，真实记录了中国共产党在山西百折不挠、百炼成钢的伟大历程，创新再现了中国共产党在山西发展的影像史诗。

利用媒体效应，引领大众重新关注以红色文化为主题的新风尚，是现代媒体和每个媒体人义不容辞的责任。利用传媒效应，让大众重温那段红色岁月，不仅是山西转型跨越发展的需要，也是红色文化清新社会风气、适应社会发展的必然选择。

（二）打造红色文化品牌以扩大山西文化影响力

注重品牌塑造，打造山西省自主红色文化品牌，是山西省从根本上提高文化软实力、扩大山西文化影响力的必由之路。打造山西红色文化品牌必须以太行精神、吕梁精神、大寨精神、右玉精神为依托。因为它们是山西人民群众在不同历史时期锻造的一脉相承的时代精神。将太行精神、吕梁精神、大寨精神、右玉精神在新的历史时期继续传承下去，树立山西人自己红色品牌，是提升山西文化软实力的重要途径。

1. 打造以太行精神为核心的抗战革命文化品牌

抗日战争期间，太行地区作为晋冀鲁豫革命根据地的重要阵地，是华北战区的重要枢纽。太行精神就是太行地区军民在晋冀鲁豫革命根据地精诚团结、不畏艰险，同敌军开展激烈斗争的过程中孕育和洽结出来的。

太行精神是指在民族危险存亡之际，太行老区人民在中国共产党的领导下英勇顽强、不畏牺牲的革命英雄主义精神。太行精神不仅体现了山西人民艰苦奋斗的朴实情怀，更体现了中国人坚强不屈的民族性格。太行精神凝聚了山西精神重要的精神内涵，也凝聚了中国中华民族光荣的历史文化传统。正是在太行精神的引领下，太行人民英勇斗争、不怕牺牲，在极其艰苦的条件下做出了卓越的贡献。

太行精神虽然诞生于革命年代，孕育于太行地区，但是太行精神并没有在历史的长河中止步。因为太行精神具有普遍性、指导性和传承性。在山西省从资源大省向文化强省转变之际,将太行精神继承和发扬太行下去,极具现实性。

山西省的转型跨越需要太行精神这样的一股精神力量激发三晋人民的斗志。太行精神作为中华民族宝贵的精神财富,应该依附抗战文化品牌在新时期得到继承和弘扬。为了树立和宣传这一抗战文化品牌,山西省做了一系列具体工作。1988年5月,八路军太行纪念馆在山西武乡落成,它作为山西省内唯一一个军事题材的革命战争纪念馆,完整地再现了八路军在太行地区的抗战史实。该纪念馆占地180 000平方米,拥有大量珍贵的文物、照片、资料和战争遗物,为参观者完整呈现了太行精神的光辉形象和丰富内涵。另外,为了宣传和弘扬太行精神,武乡不仅拍摄了一系列反映太行抗战精神的影视作品,还编撰了大量关于太行精神的书籍,让人们通过多种渠道了解太行精神,使太行精神不断发扬和传承下去。

2. 打造以大寨精神为核心的社会主义建设文化品牌

大寨精神源于大寨人民的伟大实践。20世纪六七十年代,老一辈大寨人战天斗地,奋发图强,在七沟八梁一面坡上树起了全国农业战线的战旗,形成了以自力更生、艰苦奋斗为核心的大寨精神。1953年,大寨村党支部组织村民向穷山恶水宣战,制订了十年的造地规划。当时的条件下,他们凭借一双手、两个肩膀、一把锄头、两个箩筐,不分昼夜地苦干。短短十年,他们完成了大寨"七沟八梁一面坡"的改造。大寨不仅解决了自己的温饱问题,而且每年向国家上缴二十多万斤粮食。大寨精神就是在这般战天斗地的实践中慢慢孕育出来的。

大寨精神是中华民族宝贵的精神财富,它不会随着时间的推移和环境的改变而失去其应有的价值。改革开放以来,大寨人始终把自力更生、艰苦奋斗作为面对困境时的精神动力,并且在实践中不断充实大寨精神。大寨在一无人才,二无资金,三无项目的条件下,走出寨口,走向市场,勇于突破传统的农业发展模式,学习商品经济,走非农兴村之路。现在"大寨"一词在大寨人心中,已经不再是原来落后的概念,而是拥有几十种商品的品牌。不仅如此,大寨人积极改善民生,提高大寨人民幸福指数。

大寨精神不仅在实践中不断传承,在人民群众也中也早已是一个掷地有声的品牌。打造以大寨精神为核心的社会主义建设文化品牌,是大寨精神自我超越，实现跨越性发展的关键一步。大寨精神是社会主义建设时期重要的精神支柱，它经受了时间的考验，在实践中又不断得到充实。大寨文化品牌的提出，不仅是顺应民意之举，更从根本上提高了大寨精神的政治高度。

打造以大寨精神为核心的社会主义建设文化品牌，具有重要的现实意义。在山西省从资源型大省向文化强省跨越发展之际，大寨精神有着重要的现实意义。以前，山西省作为资源大省，由于对煤炭资源不合理、不科学的开发利用，省内经济发展过快，物质生活极大丰富的同时，精神生活却相对匮乏，于是滋生了极端个人主义和享乐主义的毒瘤，一些艰苦奋斗的精神被认为已经过时。因此，重提大寨精神，树立大寨品牌，有着重要的现实意义。

打造大寨精神为核心的社会主义建设文化品牌，是山西省提高文化软实力的重要内容。大寨精神是一种思想境界，通过树立自力更生、艰苦奋斗的良好风尚，为社会主义建设提供良好环境和氛围。大寨精神是一种精神追求，是山西省践行社会主义核心价值和山西精神的重要组成部分。大寨精神更是一种政治高度，它是山西省提升文化软实力、增强综合实力的战略需要，是提升山西发展品质、塑造山西发展形象的内在要求。深入学习大寨精神，将其转化为山西经济社会文化发展的具体实践，鼓励全省人民为新时期的转型跨越发展不断做出贡献，是提高山西文化软实力的根本途径。

3. 打造以右玉精神为核心的科学发展文化品牌

右玉地处山西西北角，由于毗邻毛乌素沙漠，常年气候恶劣，植被稀少，使当地人民群众的生产和生活受到严重的影响。新中国成立后，右玉人民决心改变恶劣的生存环境和贫困的生活条件。

右玉精神是以人为本、党的宗旨忠实践行的标杆。在恶劣的自然条件下，生存和发展是摆在人民群众面前最大的难题。右玉各级领导班子以人民利益为最大的追求，率先带领广大干部群众植树造林。在植树造林的过程中，右玉人合理规划，使人民群众在造林过程中首先获益，不仅改善了右玉人民的生活环境，还为右玉的可持续发展打下了坚实的基础。右玉精神是真抓实干、注重科学发展的光辉典范。他们坚持从实际出发，客观分析右玉实际，邀请专家学者制订出适宜右玉植树造林的科学规划，坚持从实践中来到实践中去，终于摸索出一条以树草结合、乔灌混植、以林护沙的有效途径。右玉的成功依靠的不是蛮劲，而是对于科学规划、科学发展的不断坚持。

新时代，进一步弘扬右玉精神，打造以右玉精神为核心的科学发展品牌，是促进山西红色文化发展，提高山西文化软实力的重要内容。右玉精神是民族精神、党的优良传统的集中体现。在全省树立以右玉精神为核心的科学文化发展品牌，就是为转型跨越发展提供强大的精神动力，为提高山西文化软实力提供切实的文化平台。

三、以"文博山西"为例探讨依托新媒体扩大山西文化的影响力

随着信息形态的快速转变，新媒体传播信息的优势越来越明显，传播渠道重心向互联网倾斜是大势所趋。而微信公众号凭借时效性、互动性、碎片化和分众化等特征，符合用户的接受行为和交流习惯，并成为传播文化的重要载体。在当下最流行的传播载体中，《山西晚报》的微信公众号"文博山西"是走在山西文化传播研究前沿的典型代表，在创造更好的优秀作品的同时，也为展露地方文化特色带来了新的机遇，对山西文化的传播营造了新的环境氛围。下面以"文博山西"微信公众号为例，探讨其有关山西文化类文章的生产和传播，以期在媒体融合的浪潮下找寻山西文化乃至地方文化传播的最佳优化路径。

（一）微信公众号"文博山西"

为实现山西晚报的转型升级，宣扬山西省的文物古迹，2014年9月17日，"文博山西"微信公众号正式建立。创始人吕国俊认为，"文博山西"是精细化、专注化山西文化领域的传播和服务的微观实践，也是致力于塑造山西文化品牌、讲好山西故事的积极探索，旨在以传媒力量推动文化和旅游的高质量发展。"文博山西"以山西文物、古建筑、人物故事和博物馆为主题，细致描写、深度挖掘，编辑推送了大量展示山西形象和宣传山西文化底蕴的原创内容，目前已推送30万余字的文章，累计传播上万次，

传播对象范围广，被业内专业人士和文化爱好者高度认可，具备良好的口碑和传播力，并荣获 2019 年中国成长型文旅新媒体奖项，入围"博物馆短视频达人秀"全国十强榜单，被誉为是国内文博文旅宣传的典范。除此之外，其还联合各方力量，搭建线下多渠道传播平台，通过微信公众平台举办相关的讲座、参观、会议等，以拓展地方文化影响力，传递山西声音。

（二）"文博山西"微信公众平台的推送分析

微信公众平台的内容推送功能有三类，即自动回复、一对一交流和群发分享。其中，群发分享是公众号最为常用的功能，它指的是将编辑好的内容发送给关注订阅的全体用户。在这里主要阐述在群发推送信息背景下的文章推送，共分为两部分，第一部分汇总平台推送的整体情况，包括对推送文章的内容、形式、时段和频率进行研究分析，从而进一步知晓平台传播者的推送动机，即第二部分传播的初衷。

1. 平台推送情况汇总

（1）平台推送内容与形式

微信公众平台的订阅价值主要在于其信息文章的价值，它是由公众号推送的内容来决定。一直以来，优质内容可以增强公众号的影响力和传播力，而多元的文本呈现形式则能够推动信息的丰富表现，提升平台的传播效率和传播效果。

"文博山西"微信公众号的推送内容大体可分为两类。第一类是线上的文章推送，可通过文章精粹来观看阅读。这一部分包括人、事、物、景等四个方面：人指的是历史人物或近现代具有突出事迹的人物；事指的是历史故事或现代新闻资讯报道；物指的是文物遗存；景指的是古建筑以及山西周遭地标景色。从用户角度考虑，其内容主要以线上文章推送为主，线下精华提炼为辅，讲究文章内容丰富多样的同时也注重深度内涵的传达。第二类是线下的主题活动，分为"晋地宝藏"和"文博讲坛"。其中，"晋地宝藏"系列活动为了打造品牌效应，宣传地域形象，在推送中也有着自己的特色。页面版块专门设有"晋地宝藏"一栏，具有活动简介和版面图，体现新的观感，点进去有山西各地博物馆分享，介绍博物馆的典藏和悠久的历史来源。

第八章 传统文化视域下的山西本土文化建设与传播

"文博山西"公众平台的推送形式多指的是文章信息推送给用户的媒介选择形态，有纯文本呈现、图文结合呈现、视频呈现、音频呈现、直播呈现五种。整体来看，公众号文章仍是以图文结合呈现方式为主，视频、音频和直播这三种呈现方式虽有但运用数量不多。如果采用多媒体结合方式，可提高文章内容的表现力，丰富信息的深度传达，有力增强用户阅读的兴趣和新鲜感。

（2）平台推送时段与频率

一般订阅号的推送情况是每日推送一条信息，认证过的公众号可以发布多条信息，这是为了防止公众平台信息的过度泛滥。笔者对"文博山西"公众号进行分析研究，发现其推送给读者的文章频率是每日推送一次，每次推送两条信息。其文章推送时段多在晚上的闲暇时间，集中在22:00至23:00。对其推送时段与推送数量关系进行分析，可以发现：早上和下午推送文章较少，几乎没有，晚上20:00以后的推送文章较多，推送信息数量多聚集在22:00至23:00这一时段。早上推送的文章多处在上班或工作时间，由于用户时间紧张，阅读者的信息获取意识加强，其平台推送则是便于用户进行碎片式阅读的文章。处于晚上时段的用户，他们的时间较为充裕，即便推送新的内容，阅读者也更容易接收。此外，推送时段临近睡前，不占用大量工作时间，阅读者可以在饭后或休息前获取文章内容，避免了白天其他公众号的推文"轰炸"，也使得用户能够有足够的时间仔细浏览最新信息，深入思考文章传达的价值理念，体悟文化内涵。"文博山西"的推文时段，不仅迎合了人们的阅读时间和阅读习惯，也提高了平台文章的信息接受度和阅读率，传播效果实现最大化。

2. 平台传播者推送动机分析

（1）三晋文化传播的责任感

"文化传播也可以被称为社会遗产或是遗业的传递功能，指的是以大众传播为媒介把文化传递给后代，并不断扩散信息教育他人，在潜移默化中影响社会成员，使得他们共同享有一种相近或相同的价值观、社会规范理念和社会文化遗产。"[1]也就是说，文化传播不仅仅是传递信息，让人们

---

[1] 沙莲香. 传播学——以人为主体的图像世界之谜[M]. 北京：中国人民大学出版社，1998：2.

了解、熟知某种事物，还有助于构建个人的信息框架和思想框架，无论是对个人还是对社会都起着重要的积极作用。作为根植于山西省内融合人们生活的一种文化，随着宣传方式的变化和多元文化的出现，三晋文化在传播战中落于下风，同时人们对文化的单一理解也形成了在山西文化传播过程中的壁垒。

面对当下文化传播的困境，"文博山西"公众号的创始人吕国俊出于自身的责任感和对山西文化的热爱，一直以来都渴望能够探寻出一条发扬山西精神、传播三晋文化的路途，以让更多的人愿意去了解山西、热爱山西、建设山西。他突破了以往的传播渠道，紧跟社会发展，以微信公众平台作为传播新形式，为山西文化的传播和传承提供了新的发展空间，也给地方文化宣传者提供了新的传播思路。

（2）省内文旅经济发展的需要

新媒体时代，效益转化率高，文化传播除了有知识普及的教育功能，还具有一定的经济作用。文化对经济的影响不再是单纯的信息传递，它还与知识经济、文化产业共同构成为第三产业的重要组成部分，对经济增长起到直接的作用。改革开放以来，山西发展以煤炭资源为支撑，但以能源为发展就会不可避免地破坏自然环境，且影响是不可逆的，在此情况下，山西迫切需要一个新的经济增长点，从而打开调整产业结构的突破口。"文化"就是破解难题的突破口之一。文化的传播有益于带动文化产业、旅游产业、影视业等相关产业的发展，这也是平台传播者的初衷。

平遥国际电影节是文化传播下的经济产物。在贾樟柯看来，文化是可以助推经济发展的，一方面，山西需要有新的文化项目和新的理念推动全省转型，另一方面，山西的文化传统和历史资源蕴含丰富，亟需承载体的激活和转化。"文博山西"公众平台积极宣发贾樟柯或电影节的相关动态，使信息及时传达给粉丝用户。平遥国际电影节的开设吸引了众多游客，不仅扩大了电影的影响力，也促进了平遥区域的文化旅游消费。

博物馆、博览会的建设及开发带动了省内文旅产业经济数值的提升。山西文化产业博览交易会汇聚了展览、交易、演出等多项活动，将省内文化改革开放的成果及其优质的文化企业集齐一堂，加快文化强省建设，引进不少战略投资者，已然成为文化博览的舞台、交易的纽带。此外，博物馆借助"文博山西"平台的传播力,在疫情期间以直播形式赏析文物精品,为之后的线下展览造势,带动博物馆展览经济和区域旅游消费,同时也帮助阅读者体验感受文化遗产的魅力,扩大社会影响力。

(3)山西新风貌展示的需求

之前提起山西,人们对其印象总是和"煤老板""环境污染"等词汇挂钩,久而久之形成了大众的惯性认知,认为山西地域仅有煤炭资源。"文博山西"公众平台的出现成为展示省内新风貌的重要名片,不仅引发了人们对地方文化的重视和关注,也影响着外界对这一地域的新的观感和评价。身处于互联网时代,微信公众平台和短视频平台的兴起成为获取信息的最新媒体,易操作、便捷快速的特点更加促进了样貌展示欲望的提升。"文博山西"微信公众号因地域文化传播呈现出的多样化使得山西新形象愈加丰富多元。

3. "文博山西"微信公众号山西文化传播的文本内容分析

微信公众号在传播时,向用户提供的信息内容是衡量媒体传播效果的关键性因素,在社会化的媒体信息生产和传播过程中,传播内容早已成为研究微信公众平台的一部分。"文博山西"公众号凭借着大环境的潮流和独特的文化氛围,在微信公众号成立初期,抢占先机,顺势发展,如今"文博山西"公众号除了在山西省内的传播领域和文博领域有所盛名,在省外也引起一定反响。文化、文物知识的传递,其目的是为了通过文章传播价值观念,用文物背后的内在文化熏陶用户美的感悟,彰显文化精神,体现主流价值。

(1)风格:山西文化传播的灵魂

风格是微信公众号长久发展的重要环节,也是传递山西文化的中心枢纽,许多公众平台把精力放置在文章的运营推广上,而忽略了内容的风格,实际上只有风格做到精致,才可能有效地博得关注群体的眼球,从而促进三晋文化的普及以及山西精神的流传。这里所说的风格指的是在文本中展现事物特征、增强说服力、高质量传播的功能片段,包括但不局限于外观、语言、环境、多媒体等细节要素。虽然山西文化内容表现的角度有所差异,但这些古物建筑作为一种象征性符号,可通过文章传达出其特殊的意义。

在推文文本中运用此类细节部分,其目的是为了完善功能,加强内容可读性,增强传播力和吸引力。通过对各方面内容呈现效果的考量,用小细节增添大功能,使得文物景点等描写更鲜活精彩,人物故事有迹可循,令读者感受到文物的美学特征及风格,凸显其精神方面的价值内涵。细节的刻画有助于化抽象为具象,便于读者对文章理解的加深,是真实性的体现,要积极主动地确立细节意识,将细节描写和挖掘摆放在重要的位置,在提高阅读量的同时更要重视对风格的把控。

(2)内容:植根山西本土特色,彰显地方文化精神

话语形态是展示山西文物特色、传递人物风貌的最佳窗口。山西是中华民族的发祥地之一,被誉为"华夏文明的摇篮",由此可见,山西蕴含着丰富的文物资源以及历史文化遗产。虽然文物资源多样,但鲜少有人知晓山西的历史文物及建筑遗存,这方面的宣传和普及力度仍有待提升。而"文博山西"作为历史文化类的公众号,在传播山西境内的古物知识和文化价值等方面有一定的代表性和权威性。

从目前的传播现状来看,除了相关著作、文献对少数民族文化、晋商文化和乡村文化的研究比较深入外,对利用新媒介传播历史文化领域的挖掘仍然较浅。通过分析微信公众平台"文博山西"对山西文化的报道及宣传文章,可以发现其不仅聚焦于历史领域,也深植本土特色,旨在展示三晋文化,彰显人物蕴含的特质精神和古物具备的价值观念。

所以,为了让更多的人认识山西、了解三晋历史,进而热爱山西文化,为建设山西文化产业贡献力量,新媒介在对山西文化进行传播时,不能只停留在浅层次的文物和人物故事讲解上,更要去挖掘、传播深层次的文化意义,例如张瑞玑的爱国情怀、晋阳城的佛祖坚守观念、晋祠的先祖精神、传统的孝德文化等。

此外,既要传承古代传统文化的精髓,也要因时而变,因势而动,创新文化的传播形式,厚植于本土特色,结合省内的文物、美景和传统故事,发扬晋商精神,扩大历史品牌的影响力,推动文化旅游业的发展。"文博山西"在叙事方面,也遵从了这一原则,推文紧紧围绕与山西文化有关联的事物,通过对人物或事件的还原和描写,把省内文化内容作为传播的主要部分,同时又引导地方媒体成为宣传该文化的主阵地,推动文化传播的效果逐步提升;不断创新完善文化散播方式,丰富传承文化内涵精神,以使人们对山西文化的认识得以深化,而不是停留在表层文化。

（三）"文博山西"传播山西文化的发展思考

1. 微信公众平台：提高推送生动活泼内容的比重，优化用户体验

"文博山西"微信公众号的内容运营，必须要依据用户所需，提高推送生动有趣内容的比重，以优化用户体验。一方面，在平台管理者的认知中，要打破传统的"印象式"了解，即认为深层次内容等同于严肃性文本，要想使得其生产的内容传播得以突破，就必须要充分了解传达的山西文化。"文博山西"微信公众平台的管理者和运营者应注意培养自身的文化自觉，并将其和信息传播现状相融合，深层内容并非必须用传统的严肃讲解方式进行展现，也可以精致"包装"，用新的话语叙述传达同样的道理。想要转变平台运营者的传播思维，就应该让其意识到山西文化的价值和意义以及新媒介环境的特征，从内心形成一种对于山西历史文化或其他文化的责任心和认同感，理解三晋文化借力新媒介传播这一行径的意义和蕴含在内的巨大的文化价值和社会价值；然后从新角度做到了解山西文化，保护地方文化，进而主动地用创造性思维传播内容，会更加融合媒介技术，适量减少大段文字传统阐述的方式，用符合用户喜好的内容进行推广，提升人们的阅读体验。另一方面，管理者要想让文本内容中深入人心，最主要的一点是吸引读者阅读，并能让读者读进去，从而进一步留住读者，从阅读量进行分析，标题有趣、内容阐述生动更受大众青睐，这也是留住读者的有效手段。用简单易懂的文字和表述方式来说明文章的主旨，注意描写细节，内容写得越具体就越生动，巧妙融合网络用语，延展主题，适当追赶潮流，迎合用户阅读习惯，细分推送内容，加强生动有趣文章的推送比重，提供多样化的内容以便读者进行选择。这一做法不仅符合"文博山西"微信公众号作为新形式传播文化的定位，同时也回应了人们的呼声，体现出了为用户服务的专业理念。配合其他阐述风格的文章，共同构建起了较为完备的地方文化传播内容体系。

2. 文本内容：构建信息传播矩阵，凭借内容取胜

"文博山西"微信公众号是山西文化在微信阵地上扩大传播力、彰显影响力的重要实践。"文博山西"微信公众号的成功与其媒介共同构建的合力分不开。当微信公众平台的功能逐步完善、价值效应逐步显现、用户订阅情况达到"饱和"时，倘若用户的兴趣点发生转移，就有可能出现"负

增长"的状况，所以用什么方法留住老用户，吸纳新用户是微信公众号有待思考的共性问题。而"文博山西"微信公众号针对这一情况，积极构建信息传播矩阵，实现线上线下传播一体化，多个平台联动合作，同时要立足本省特色，注重媒介融合形式，力求高品质的内容质量。

一次信息采集，多次传输，这在文化传播中发挥着重要作用，它能够促进文化传播，即扩大传播范围，提升传播影响力。"文博山西"微信公众号在传播形式方面做了一些尝试，但是没有真正和其风格融为一体，仅仅是为"全"而有。例如可以在线上发布活动邀请用户参与，在线下活动中采用直播方式方便用户同步观看，等到线下活动结束后，通过文章发布后续进程，通过构建信息传播矩阵，实现效果的最优化，打造良好的品牌形象。

"主流媒体微信公众号生存发展的一大优势是内容质量，优质内容能够推动微信公众平台更长久的发展。"[①] 从内容来源来看，"文博山西"微信公众号整体上是推文占据主要地位，原创内容少，大多数推文的内容来自其他历史类的衍生自媒体。在多元信息的冲击下，权威性、严谨性显得尤为重要，能彰显一个媒体的价值和内涵。提供优质的信息文本，不是靠简单的搬运，而是要角度新颖、编排贴切、内容创新，适应微信公众号传播的新特征，推动文本内容的优化升级。

2. 用户：交互式传播，调动用户参与

交互式传播指的是在一个传播环境中，接受信息的用户对传播者或平台提供个人意见和看法，传播者或平台听取群众的反馈并实施在相应的活动中，从而不断调整、持续完善把信息再次传达给用户。目前信息传播已经不再是以往的单向性传播，用户也不再是单向度的人，去中心化时代的来临使得用户掌握了一定的选择权，信息传播逐步向用户本位靠拢。因此，媒体把用户的反馈和态度放置在第一位是十分必要的，调动用户积极性，增强用户参与感，亦然成为媒体未来的发展趋势。

注重营造媒体与用户的交流对话场。在文章留言评论方面，应该及时有效给予用户回复，解决他们的疑惑，获得用户认可。如博物馆开展、历

[①] 尹坤. 新媒体时代，依然"内容为王"——基于微信公众号运营的价值取向判析[J]. 新闻研究导刊，2017（08）：203.

史文物讲坛开讲等，这些内容发布的时间和地点具有时效性，要求管理者在很短的时间内及时回复用户，沟通平台必须要畅通无误，无形中增加了用户黏度。此外，可以听取人们的想法，改进之后的阐述方式以及宣传方式，使得用户能够进入到文本意义的剖析中，建立内容与用户之间的关系，缩短用户与平台二者之间的距离，增强亲切感和关怀感。

另外，互动的方式不仅仅局限于对话场的构建，议题的设立也需要注意。例如有奖竞猜、投票选取、话题参与以及好文投稿等，引导用户加入活动并参与其中，调动人们的积极性；也可将相关内容分享至朋友圈，二次传播形成热点话题或事件。双向互动有利于内容质量的推进、影响范围的扩大，对用户活跃度也起到一定的积极作用，而且满足了人们的互动需求，推动文化意义的"内化"和博物馆等实体品牌产业价值的"外化"。

参考文献

[1] 冯天瑜. 中国文化史断想[M]. 武汉：华中理工大学出版社，1989.

[2] 中国戏曲志编纂委员会编. 中国戏曲志·山西卷[M]. 北京：北京文化艺术出版社，1990.

[3] 冯天伦. 中国文化史纲[M]. 北京：北京语言文化大学出版社，1994.

[4] 钱穆. 中国文化史导论[M]. 北京：商务印书馆，1994.

[5] 马宝志. 三晋文化[M]. 沈阳：辽宁教育出版社，1995.

[6] 陈延斌. 中国古代家训论要[J]. 徐州师范学院学报（哲学社会科学版），1995（03）.

[7] 乔志强. 山西通史[M]. 北京：中华书局，1997.

[8] 国家体委武术研究院编纂. 中国武术史[M]. 北京：人民体育出版社，1997.

[9] 张辉，白金. 山西商人的经商伦理道德初探[J]. 前进，1997（01）.

[10] 张正明. 晋商与传统文化[M]. 北京. 世界图书出版社，1998.

[11] 沙莲香. 传播学——以人为主体的图像世界之谜[M]. 北京：中国人民大学出版社，1998.

[12] 安瑞生. 山西历史[M]. 北京：中国旅游出版社，2001.

[13] 张正明. 晋商兴衰史[M]. 太原：山西古籍出版社，2001.

[14] 刘守华，陈建宪，主编. 民间文学教程[M]. 武汉：华中师范大学出版社，2002.

[15] 翟博. 中国家训经典[M]. 海口：海南出版社，2002.

[16] 降大任. 话说山西[M]. 太原：山西古籍出版社，2003.

[17] 张正明. 明清晋商及民风[M]. 北京：人民出版社，2003.

[18] 李元庆. 关公"忠义"精神与三晋文化[J]. 前进，2003（11）.

[19] 马卫平. 烽火岁月的锤炼 民族精神的彰显——吕梁与中国抗日战争[J]. 沧桑, 2005（05）.

[20] 田成平. 弘扬太行精神 促进山西发展[J]. 前进, 2005（07）.

[21] 李学勤. 华夏之根[M]. 北京：中华书局, 山西教育出版社, 2006.

[22] 晋商研究协会编. 晋商史料全览·祁县志[M]. 太原：山西人民出版社, 2006.

[23] 曾德昌, 主编. 中国传统文化指要[M]. 成都：巴蜀书社, 2008.

[24] 杨永忠, 周庆. 女性的政治解放和社会解放[J]. 中华女子学院山东分院学报, 2008（05）.

[25] 牛寨中. 山西清朝第一名臣孙家淦[M]. 太原：山西人民出版社, 2010.

[26] 孙和平. 四川红色文化资源开发与利用研究[M]. 成都：四川大学出版, 2010.

[27] 高倚云. 明清晋商文化传统、制度绩效与路径依赖[M]. 北京：经济出版社, 2011.

[28] 徐少锦, 陈延斌. 中国家训史[M]. 北京：人民出版社, 2011.

[29] 钟敬文. 民间文学概论[M]. 北京：高等教育出版社, 2012.

[30] 王志超. 山西地域文化散论[M]. 太原：三晋出版社, 2013.

[31] 曹林. 戏曲舞台美术创作现状与发展概述[J]. 中国戏曲学院学报, 2013（01）.

[32] 梁文冒. 新民主主义革命时期中国共产党人对传统文化的认识与实践研究[D]. 西安：陕西师范大学, 2014.

[33] 于海清. 刍议新闻采编细节[J]. 科技传播, 2014（15）.

[34] 王宁. 中国文化概论[M]. 北京：外语教学与研究出版社, 2015.

[35] 宋广敏. 太行精神的形成及其当代价值研究[D]. 晋中：山西农业大学, 2015.

[36] 山西社会科学界联合会. 这里最早叫"中国"[M]. 太原：北岳文艺出版社, 2017.

[37] 柳永平. 晋商家训精编[M]. 晋中：山西经济出版社, 2017.

[38] 朱晓妍. 打造红色文化品牌 促进山西转型跨越[J]. 中共山西省委党校学报, 2017（05）.

[39] 尹坤. 新媒体时代,依然"内容为王"——基于微信公众号运营的价值取向判析[J]. 新闻研究导刊,2017(08).

[40] 王水成,主编. 溯文明之源,寻华夏之根[M]. 太原:山西出版传媒集团,三晋出版社,2018.

[41] 山西省地方志办公室编. 山西家规家训精选[M]. 太原:三晋出版社,2018.

[42] 张志仁. 山西家规家训精选[M]. 太原:三晋出版社,2018.